故宮收藏

Collections of the Palace Museum

古代陶瓷

Ceramics

你應該知道的200件

北京故宮博物院——編

呂成龍——主編

藝術家出版社

Artist Publishing Co.

目　錄

前言　呂成龍　8

新石器時代　15

1　彩陶盆 ……17
2　彩陶缽 ……18
3　彩陶漩渦紋雙繫罐 ……18
4　彩陶蛙紋雙繫罐 ……20

5　白陶雙繫壺 ……21
6　紅陶鬶 ……22
7　黑陶雙繫罐 ……23

商、西周、春秋、戰國、西漢　25

8　白陶雕刻饕餮紋雙耳壺 ……27
9　原始青瓷雙繫罐 ……28
10　原始青瓷提樑盉 ……29
11　原始青瓷劃花雙繫壺 ……30

12　醬釉陶壺 ……32
13　青瓷雙繫壺 ……33
14　綠釉陶壺 ……34

東漢、三國、兩晉、南北朝　35

15　青釉堆塑穀倉 ……37
16　青釉羊 ……38
17　青釉褐斑羊頭壺 ……39
18　黑釉唾壺 ……40

19　青釉刻花單柄壺 ……41
20　青釉蓮花尊 ……42
21　黃釉綠彩刻蓮瓣紋四繫罐 ……43

隋、唐、五代　45

22　白釉罐 ……47
23　青釉劃花蓮瓣紋四繫盤口瓶 ……48
24　越窯青釉八棱瓶 ……49
25　越窯青釉執壺 ……50
26　邢窯白釉瓶 ……52
27　邢窯白釉罐 ……53
28　青釉鳳首龍柄壺 ……54

29　三彩燭台 ……56
30　三彩蓋罐 ……57
31　花瓷腰鼓 ……58
32　花瓷雙繫瓶 ……59
33　長沙窯褐釉模印貼花雙繫罐 ……60
34　越窯青釉執壺 ……61
35　青釉夾耳蓋罐 ……62

遼、宋、西夏、金 63

36 汝窯淡天青釉三足尊 …………65
37 汝窯淡天青釉三足尊承盤 ………66
38 官窯粉青釉圓洗 …………68
39 官窯粉青釉弦紋瓶 …………70
40 哥窯青釉魚耳爐 …………72
41 哥窯青釉碗 …………74
42 定窯白釉孩兒枕 …………75
43 定窯白釉刻花梅瓶 …………76
44 定窯白釉印花纏枝牡丹蓮花紋盤 …………77
45 鈞窯玫瑰紫釉葵花式花盆 …………78
46 鈞窯月白釉出戟尊 …………79
47 龍泉窯青釉弦紋瓶 …………80
48 龍泉窯青釉鳳耳瓶 …………81
49 景德鎮窯青白釉刻花纏枝花紋梅瓶 …………82

50 景德鎮窯青白釉刻花嬰戲紋碗 …………83
51 耀州窯青釉刻花瓶 …………84
52 白釉珍珠地劃花雙虎紋瓶 …………85
53 建窯黑釉兔毫紋盞 …………86
54 吉州窯黑釉剪紙貼花三鳳紋盞 …………87
55 當陽峪窯剔劃花缸 …………88
56 黑釉剔花折枝牡丹紋梅瓶 …………90
57 三彩劃花鷺蓮紋盤 …………92
58 赤峰窯白釉剔劃花填黑牡丹紋尊 …………93
59 白地黑花花卉紋梅瓶 …………94
60 白地黑花馬戲紋八方枕 …………95
61 白地黑花詩文如意頭形枕 …………96
62 黑釉剔花缸 …………97

元代 99

63 青花「滿池嬌」圖菱花口折沿盤 …………101
64 青花海水白龍紋八棱梅瓶 …………102
65 釉裡紅刻花拔白兔紋玉壺春瓶 …………103
66 青花釉裡紅鏤雕山石花卉紋蓋罐 …………104

67 藍釉描金匜 …………108
68 藍釉白龍紋盤 …………110
69 卵白釉印花「太禧」銘雲龍紋盤 …………111
70 龍泉窯青釉執壺 …………114

明代 115

71 青花折枝菊紋執壺 …………117
72 釉裡紅松竹梅紋玉壺春瓶 …………118
73 釉裡紅四季花卉紋石榴尊 …………120
74 釉裡紅拔白纏枝花紋碗 …………122
75 青花纏枝蓮紋壓手杯 …………124
76 青花纏枝花紋背壺 …………126
77 青花枇杷綬帶鳥紋菱花口折沿盤 …………128

78 青花描金彩纏枝苜蓿花紋碗 …………130
79 甜白釉劃花纏枝蓮紋梅瓶 …………132
80 鮮紅釉高足碗 …………133
81 翠青釉三繫蓋罐 …………134
82 青花籃查體梵文出戟蓋罐 …………135
83 青花海水白龍紋扁壺 …………138
84 釉裡紅三魚紋高足碗 …………140

85 鮮紅釉葵花式洗 ……142
86 祭藍釉白花魚蓮紋盤 ……144
87 仿汝釉蟋蟀罐 ……146
88 仿哥釉菊瓣碗 ……147
89 醬釉盤 ……148
90 青花松竹梅紋罐 ……149
91 青花八仙慶壽圖罐 ……150
92 青花攜琴訪友圖梅瓶 ……151
93 青花麒麟紋盤 ……152
94 鬥彩雞缸杯 ……154
95 鬥彩海水雲龍紋「天」字蓋罐 ……156
96 鬥彩嬰戲圖杯 ……158
97 鬥彩葡萄紋高足杯 ……159
98 五彩纏枝牡丹紋罐 ……160
99 仿哥釉八方高足杯 ……161
100 黃地青花折枝花果紋盤 ……162
101 白地刻花海水綠彩雲龍紋碗 ……164
102 白地醬彩花果紋盤 ……166
103 黃地描金獸耳罐 ……168
104 青花嬰戲圖碗 ……169
105 白釉礬紅彩阿拉伯文波斯文盤 ……170
106 黃地綠彩雲龍紋尊 ……172
107 素三彩海蟾紋三足洗 ……173

108 素三彩折枝蔓草紋水仙盆 ……174
109 孔雀綠釉碗 ……175
110 青花「壽」字雲龍紋罐 ……176
111 紅地黃彩纏枝蓮紋葫蘆瓶 ……177
112 五彩雲鶴紋罐 ……178
113 白釉塑貼紅蟠螭紋蒜頭瓶 ……179
114 五彩龍穿蓮池紋繡墩 ……180
115 青花團龍紋提樑壺 ……182
116 青花龍穿花紋梅瓶 ……183
117 青五彩鏤空雲鳳紋瓶 ……184
118 綠地黃彩雲龍紋蓋罐 ……186
119 紫地素三彩折枝花果雲龍紋盤 ……188
120 淡茄皮紫釉暗花雲龍紋碗 ……189
121 琺花人物圖罐 ……190
122 龍泉窯青釉刻花碗 ……191
123 德化窯白釉達摩像 ……192
124 德化窯白釉觀音像 ……193
125 德化窯白釉刻花玉蘭紋尊 ……196
126 石灣窯鈞藍釉楸葉式洗 ……197
127 宜興窯天藍釉蓮花式洗 ……198
128 青花花卉紋出戟花觚 ……199
129 青花羅漢圖鐘 ……200
130 青花人物故事圖缸 ……202

清代 203

131 青花洞石楸葉詩句盤 ……205
132 五彩纏枝牡丹紋尊 ……206
133 茄皮紫釉暗花雲龍紋盤 ……207
134 青花山水人物紋蓋缸 ……208
135 青花團花紋搖鈴尊 ……210
136 釉裡三色山水紋筆筒 ……211

137 五彩描金鷺蓮紋鳳尾尊 ……212
138 紫紅地琺瑯彩折枝蓮紋瓶 ……214
139 黃地開光琺瑯彩花卉紋碗 ……215
140 綠地紅彩雲龍紋盤 ……216
141 黃地紅彩二龍趕珠紋碗 ……218
142 素三彩漁家樂圖長方几 ……220

143 素三彩暗花雲龍花果紋盤 …………222
144 霽紅釉筆筒 …………224
145 郎窯紅釉觀音尊 …………225
146 豇豆紅釉菊瓣瓶 …………226
147 天藍釉暗花獸面紋螭耳尊 …………227
148 灑藍地描金帶蓋糊斗 …………228
149 孔雀綠釉花觚 …………229
150 青花桃蝠紋橄欖式瓶 …………230
151 釉裡紅花蝶紋筆筒 …………231
152 琺瑯彩雉雞牡丹紋碗 …………232
153 琺瑯彩松竹梅紋瓶 …………234
154 粉彩蟠桃紋天球瓶 …………235
155 粉彩鏤空蓋盒 …………236
156 珊瑚紅地粉彩牡丹紋貫耳瓶 …………238
157 鬥彩團花紋罐 …………239
158 綠地紫彩海水雲龍紋碗 …………240
159 藍地黃彩折枝花紋盤 …………242
160 窯變釉弦紋瓶 …………244
161 爐鈞釉鋪首耳壺 …………245
162 淡黃釉瓶 …………246
163 胭脂紅釉盤 …………247
164 秋葵綠釉如意耳尊 …………248
165 黃地青花纏枝蓮紋交泰轉心瓶 …………249
166 青花釉裡紅雲龍紋天球瓶 …………250
167 琺瑯彩詩句花卉紋瓶 …………251
168 粉彩鏤空開光花卉紋燈罩 …………252
169 粉彩描金書函式金鐘籠 …………253
170 仿木紋釉地粉彩松鶴圖筆筒 …………254
171 粉彩像生果品瓷盤 …………255

172 鬥彩荷蓮圖鼓釘繡墩…………256
173 黑地綠彩纏枝蓮紋梅瓶…………257
174 黃地紫綠彩勾蓮紋瓶…………258
175 各種釉彩大瓶…………260
176 廠官釉犧耳尊…………262
177 青花雲龍紋螭耳瓶…………263
178 油紅地五彩描金嬰戲紋碗…………264
179 粉彩籟瓜紋碗…………266
180 青花纏枝蓮托八吉祥紋雙耳瓶…………268
181 粉彩「御窯廠圖」螭耳瓶…………269
182 珊瑚紅地白梅花紋蓋碗…………270
183 黃釉刻花仿竹雕筆筒…………272
184 德化窯白釉獸耳瓶…………273
185 宜興窯紫砂茶壺…………274
186 青花竹石芭蕉圖玉壺春瓶…………275
187 綠地粉彩開光花鳥紋方瓶…………276
188 鬥彩描金纏枝花紋碗…………277
189 青花雲龍紋賞瓶…………278
190 淡黃地紅蝠金彩團「壽」字盤…………279
191 礬紅地金彩「囍」字盒…………282
192 霽紅釉玉壺春瓶…………284
193 青花松鼠葡萄紋碗…………285
194 青花花卉紋花盆、盆托…………286
195 藕荷地粉彩花卉紋捧盒…………288
196 粉彩鷺鷥蓮花紋高足碗…………289
197 藕荷地粉彩花鳥紋方花盆、盆托…………290
198 窯變釉杏元瓶…………291
199 東青釉杏元瓶…………292
200 醴陵窯釉下五彩花鳥紋瓶…………293

參考書目 …………294
後記 …………295

前言 | 呂成龍

[1] 李家治：〈我國瓷器出現時期的研究〉，《矽酸鹽學報》1978年第3期。

瓷器是中國古代重大發明之一。中國瓷器生產不但歷史悠久，而且品種繁多，質地優良，歷來受到人們的稱頌。如唐代詩人陸龜蒙（？～約881年）曾用「九秋風露越窯開，奪得千峰翠色來」來形容當時越窯秘色瓷的釉色像翠綠色山巒一樣美麗。唐代另一位詩人顧況（約715～814年）用「越泥似玉之甌」來比喻越窯青瓷像玉一樣潤澤。中國瓷器很早就流傳到國外，受到世界各國人民的喜愛和珍視，並被許多國家仿製。普魯士皇帝選皇后的故事在歐洲可謂家喻戶曉，1713年至1740年間，普魯士皇帝曾以六百名薩克遜近衛軍向鄰邦君主換取一批中國生產的瓷花瓶，用來為他的婚禮增色。這些花瓶至今還陳列在德國德勒斯登博物館中，被人們稱為「近衛花瓶」。中國素有「瓷國」之譽，英語中的china既指中國，亦指「瓷器」。由此可見，中國瓷器在世界上影響之深遠。

瓷器是中國先民在長期從事陶器生產的基礎上所發明的。我國是世界上最早製作陶器的國家之一，考古發掘所獲得的資料證明，早在距今一萬年前的新石器時代早期，我國先民已經開始有意識、有目的地製作陶器。雖然世界上其他一些國家，如古埃及、敘利亞、印度等，也都在新石器時代早期開始製作陶器，而且後來製陶技術都得到高度發展，但是，它們都沒能發明製瓷技術，瓷的發明權為中國所獨享，是我們祖先高度智慧的結晶。

一般來說，瓷器的成功燒造必須同時具備三個條件：一是使用瓷土；二是燒成溫度要達到1200℃以上；三是器物表面要施高溫釉。關於我國何時發明瓷器，二十世紀七十年代中國考古界曾進行過一場大辯論，其說法不一，有人認為發明於商代，有人認為發明於六朝時期，還有人認為發明於唐代。最終借助於現代科學技術手段，考古學家將瓷器（青瓷）發明的時間定在東漢，這是以考古發掘資料和科學化驗資料為依據的。首先，在浙江上虞、寧波、慈溪、永嘉、餘姚等地發現了東漢時期的青瓷窯址，其次中國科學院上海矽酸鹽研究所對上虞小仙壇東漢窯址出土的一件模印斜方格紋青瓷罍殘片進行測試分析，證明其燒成溫度、顯氣孔率、吸水率、抗彎強度、燒結程度及胎釉結合程度等都已符合現代瓷器標準[1]。另外，浙江、江蘇等省的東漢紀年墓出土的青瓷可與窯址出土物相互印證。至於早在商代中期就已發明並延續燒造至西漢時期的施青釉的器物，因其胎料的純度、燒成溫度、胎釉結合程度，以及機械強度等都略遜於現代瓷器標準，故被視為瓷器誕生以前過渡時期的產物，一般稱為「原始瓷器」。因此，若從東漢發明瓷器算起，中國的瓷器生產已有約一千八百年的歷史。

青瓷自東漢在南方首先出現以來，即以其耐高溫、易清洗、美觀雅致等優點，受到人們的普遍喜愛，至三國、兩晉、南北朝時期獲得很大發展，製瓷區域由南方擴大到北方，胎釉質量進一步提高，造型式樣日漸增多，裝飾方法和題材亦越來越豐富，燒造技術更加成熟。從這一時期墓葬出土物可以看出，青瓷已逐漸替代青銅器、漆器、陶

[2] 吳縣文物管理委員會‧張志新：〈江蘇吳縣
獅子山西晉墓清理簡報〉，載《文物資料叢刊》
（3），文物出版社，1980年。

[3] 河南省博物館：〈河南安陽北齊范粹墓發掘簡
報〉，《文物》1972年第1期。

[4] 唐金裕：〈西安西郊隋李靜訓墓發掘簡報〉，
《考古》1959年第9期。

[5] 陝西省文物管理委員會：〈西安郭家灘隋姬威
墓清理簡報〉，《文物》1959年第8期。

[6] 考古研究所安陽發掘隊：〈安陽隋張盛墓發掘
記〉，《考古》1959年第10期。

器等，成為最主要的隨葬冥器，這說明青瓷已成為當時人們生活的主要用具。這一時期的青瓷在造型和裝飾方面均有其演變規律：在造型方面是由矮胖向瘦高發展；在裝飾方面，三國至西晉時盛行的由花蕊、聯珠、網格、菱形等圖案組成的帶狀紋飾，沿用至東晉咸和年間（326～334年）即趨於消失，約在西晉永嘉年間（307～313年）開始出現的在青瓷上塗點褐色斑點的裝飾技法，至東晉時頗為流行。佛教自東漢傳入中國後，至南北朝時達到興盛。南朝造佛像皈依佛門之風極盛，晚唐詩人杜牧〈江南春〉曰：「南朝四百八十寺，多少樓台煙雨中。」盛極一時的佛教藝術在當時的青瓷上也有所反映，如南北朝青瓷上盛行刻劃蓮瓣紋、忍冬紋等，特別是目前已發現的十多件集模印、塑貼、刻劃技法於一身的青瓷仰覆蓮花尊，形體高大，通體飾仰、覆蓮花瓣及菩提樹葉、忍冬紋等，成為這一時期青瓷器上盛行佛教藝術題材集大成的代表作。

江南地區三國、兩晉時期的墓葬中常出土一種青釉穀倉，這種穀倉是由漢代的五聯罐演變而來，其上堆塑各種人物、飛禽走獸等。1976年江蘇吳縣獅子山西晉墓出土一件青釉穀倉[2]，其上堆塑的龜馱碑上刻劃「元康出始寧，用此靈，宜子孫，作吏高，其樂無極」，可知六朝時人們稱這種器物為「靈」（音靈）。北京故宮博物院收藏的一件青釉穀倉，係本世紀三十年代後期浙江紹興三國墓出土，穀倉上部堆塑崇樓、亭闕、人物、耗子、鳥、鹿、豬、龜、魚等，其腹部刻劃狗、魚、龍等紋飾及「飛」、「鹿」、「句」、「五種」等字樣，龜馱碑上刻劃「永安三年時，富且洋(祥)，宜公卿，多子孫，壽命長，千意（億）萬歲未見英(殃)」二十四字（「永安」是三國時東吳景帝孫休的年號，「永安三年」即260年）。該器以百鳥爭食、歡慶豐收、牲畜滿欄等立體雕飾，展現了一千七百多年前江南吳國莊園五穀豐登的場面，散發著濃郁的生活氣息。用它來隨葬，是當時人們迷信思想所為，其目的是為了祈求神靈保佑，超度逝者亡靈。

我國在北朝時期還成功地燒造出白瓷，這是製瓷技術上的重大突破。1958年河南安陽北齊武平六年（575年）車騎將軍范粹墓出土的一批白瓷[3]，胎體潔白，釉面瑩亮，是目前所見最早的白瓷。

隋代瓷器生產以青瓷為主，其造型基本上沿襲南北朝青瓷，盤口瓶、高足盤是其中的典型器。在施釉工藝方面，一般器內滿釉，器外施釉不到底。其裝飾技法有刻、劃、印、塑貼等。裝飾題材常見有蓮瓣、複綫、朵花、花葉、忍冬等。《隋書‧何稠傳》載：「何稠，字桂林……時中國久絕琉璃之作，匠人無敢厝意，稠以綠瓷為之，與真不異。尋加員外騎射侍郎。」說明當時何稠能以青綠色瓷器模仿琉璃並達到亂真的程度。

隋代白瓷產量不大，但從西安隋代李靜訓墓[4]、郭家灘隋代姬威墓[5]、河南安陽隋代張盛墓[6]出土的白瓷蓋罐、白瓷龍柄雞頭壺、白瓷雙龍耳尊等來看，均造型優美，釉

[7] 陝西省法門寺考古隊：〈陝西扶風法門寺唐代
地宮發掘簡報〉，《文物》1988年第10期。

面光潔，反映出當時白瓷生產技術已達較高水準。

在中國陶瓷發展史上，唐、五代是個輝煌時期。首先表現在瓷器生產之繁盛，見
諸考古報導的瓷窯數量即數以百計，分佈在如今之陝西、山西、河北、河南、山東、安
徽、江蘇、浙江、江西、湖南、福建、廣東、四川等省，其中又以河南、浙江最為密
集。窯場既然眾多，競爭就不可避免，一些瓷窯的產品上開始刻劃或書寫廣告用語，如
「丁道剛作瓶大好」、「鄭家小口天下第一」、「卞家小口天下有名」、「杜家花枕」、「裴
家花枕」等。在激烈的競爭中，湧現出越窯、邢窯、長沙窯、魯山窯等一批著名瓷窯，
它們所產瓷器均以其獨特的風貌飲譽當代，光耀千古。其次，唐、五代瓷器不但品種增
多，而且更講究做工精細、造型優美。造型多模仿當時的金、銀器，顯得精緻典雅。
唐、五代瓷器的胎骨更加堅實緻密，叩擊時能發出金石之聲，唐代宮廷樂師曾用越窯青
瓷碗和邢窯白瓷碗充當樂器，奏出美妙的音樂。唐人段安節於九世紀八〇年代所作《樂
府雜錄》「擊甌」條曰：「武宗朝，郭道源後為鳳翔府天興縣丞，充太常寺調音律官，善
擊甌，率以邢甌、越甌共十二只，旋加減水於其中，以筯擊之，其音妙於方響也。咸通
中，有吳繽洞曉音律，亦為鼓吹署丞，充調音律官，善於擊甌。擊甌，蓋出於擊缶。」

浙江的越窯青瓷是傳統青瓷的典範，河北邢窯白瓷是新興白瓷的代表，今人常以
「南青北白」描述唐代瓷器的概況，這是從地域方面大致劃分，實際情況還要豐富得
多。從目前已調查唐代窯址的情況看，燒青瓷的窯約占70%以上，可見唐代瓷器生產仍
以青瓷為主。唐人陸羽在《茶經》一書中從飲茶的角度對當時的青瓷窯進行了一番品
評，即：「碗，越州上，鼎州次，婺州次，嶽州次，壽州、洪州次。」陸羽將越窯青瓷
評為第一。唐代著名詩人如陸龜蒙、施肩吾、皮日休、孟郊、顧況、鄭谷、韓偓、許渾
等也都曾賦詩讚美越窯青瓷，說明越窯青瓷在當時社會上享有很高聲譽。越窯青瓷中品
質最精者為「秘色瓷」。1987年陝西省扶風縣法門寺唐代塔基地宮曾出土十四件越窯青
瓷[7]，同時出土的衣物賬石碑上有咸通十五年（874年）鐫刻的碑文，碑文在記載唐懿宗
賜給釋迦牟尼佛指舍利供奉物品中稱這些瓷器為「瓷秘色碗七口，內二口銀棱；瓷秘色
盤子、疊子共六枚」。由此可見越窯秘色瓷等級之高。

唐代白瓷無論從燒造數量還是品質上看，都首推邢窯，唐人陸羽《茶經》中有「邢
瓷類銀」、「邢窯類雪」之品評。唐人李肇《唐國史補》曰：「內邱白瓷甌，端溪紫石
硯，天下無貴賤通用之。」唐代邢窯曾為宮廷燒造過貢瓷，其中刻劃「盈」字及「翰
林」款者，分別為宮廷內「百寶大盈庫」及「翰林院」的訂燒器。

唐代瓷器除了青、白兩種釉色之外，還有黃釉、黑釉、花釉及茶葉末釉、素地黑釉
花、白釉綠彩、珍珠地劃花、白釉釉下藍彩、青釉釉下褐（綠）彩等。唐代還生產三彩

釉陶。唐代花釉瓷簡稱「花瓷」，其中的花瓷腰鼓在當時曾用作宮廷樂器。唐代南卓在宣宗大中二年（848年）及四年所作的《羯鼓錄》中談到唐玄宗及其宰相宋璟都善於擊羯鼓，並以絕技著稱，二人曾在一起討論鼓事，比較羯鼓與腰鼓聲音之優劣，即：「宋開府璟，雖耿介不群，亦深好聲樂，尤善羯鼓，始承恩顧，與上論鼓事，曰：『不是青州石末，即是魯山花瓷。撚小碧上掌，下須有朋肯之聲，據此乃是漢震第二鼓也。且鞁用石末、花瓷，固是腰鼓，掌下朋肯聲是以手拍，非羯鼓明矣。』」唐代長沙窯以生產釉下彩繪瓷而獨樹一幟，既有單一的青釉釉下褐彩、青釉釉下綠彩，亦有二者合用的青釉釉下褐、綠彩。所繪人物、花鳥、飛禽、走獸等，生動傳神，意境深遠。長沙窯瓷器上還盛行題寫五言詩、六言詩、七言詩、聯句、單句、諺語、成語、俗語、廣告用語等，以五言詩最為多見，其內容或描寫遊子的心情，或抒發夫妻離別相思，或反映邊塞征戰，或讚美春天景色，或反映科舉制度，或提醒人們注意人與人之間交往的禮節，涉及到當時社會生活的方方面面。如其中的一首「天地平如水，王道自然開。家中無學子，官從何處來」。宣揚的就是讀書做官論。

唐三彩創始於唐高宗時期（650～683年），盛唐（713～755年）時達到極盛。唐三彩的盛行與唐代流行厚葬風俗有很大關係。按唐代文獻記載，最高統治者及其下屬官僚死後，需按官位元等級去領取隨葬冥器，如三品以上九十件，五品以上六十件，九品以上四十件。另外，唐三彩之所以受到唐人的喜愛，是因為其豐滿雄渾的造型和斑駁華麗的色彩，最能體現大唐盛世雍容大度的氣魄，迎合了當時人們的審美趣味。

宋、金時期是我國瓷器生產的一個高峰期，社會各階層對瓷器的需求呈現前所未有的高漲。宋代政府重視對外貿易，曾在廣州、明州、杭州、泉州設市舶司，拓寬了中國瓷器在海外的市場。新中國成立以來所發現的宋代瓷窯遺址分佈於全國十九個省、市、自治區的一百四十多個縣。在激烈的商品競爭中湧現出了定窯、磁州窯、龍泉窯、景德鎮窯、建窯、吉州窯等一批著名瓷窯。這些瓷窯的產品在造型、釉色、裝飾諸方面，都各具特色，在市場上備受消費者歡迎。一些著名瓷窯的工藝技法被鄰近甚至較遠地區的瓷窯所模仿，形成一些龐大的瓷窯體系。北方有定窯、鈞窯、磁州窯、耀州窯系；南方有龍泉窯、越窯、景德鎮窯、建窯系。在民窯生產大發展的基礎上，朝廷先是詔令一些產品品質較好的瓷窯如定窯、耀州窯等燒造貢瓷；然後又在某些瓷區設置「官窯」，專門燒造宮廷用瓷，如汝窯、官窯、鈞窯等。因此宋代瓷器形成官、民兩種截然不同的藝術風格。在造型方面，官窯瓷器多仿古銅器、金銀器或玉器，形體規範，尺寸嚴格，古樸典雅；民窯瓷器造型則靈活多變，講求實用。在裝飾方面，官窯瓷器以釉質取勝，崇尚樸素，追求韻味；民窯瓷器則講求刻、劃、彩繪等裝飾的多樣化，以適應各種審美需求。

[8] 《元史》卷八十八（志第三十八，百官四）：
「浮梁瓷局，秩正九品。至元十五年立。掌燒造
瓷器，並漆造馬尾棕藤笠帽等事。大使、副使各
一員。」

[9] 《元史》卷八十六（志第三十六，百官二）：
「樞密院，秩從一品。掌天下兵甲機密之務。」

[10] 《元史》卷八十七（志第三十七，百官
三）：「太禧宗禋院，秩從一品。掌神御殿朔望
歲時諱忌日辰禋享禮典。天曆元年罷會福、殊祥
二院，改置太禧院以總製之……二年，改太禧宗
禋院。」

　　談論宋代瓷器常有「五大名窯」之說，此說源自明代《宣德鼎彝譜》一書，書中曰：「內庫所藏柴、汝、官、哥、鈞、定各窯器皿，款式典雅者，寫圖進呈……。」由於柴窯不但不屬於宋代，而且至今仍是個謎，因此，人們就逐漸不提柴窯，只提五大名窯。五大名窯雖不能涵蓋宋代瓷業生產的全貌，但卻集中體現了宋代的製瓷水準。汝窯瓷器傳世稀少，目前存世不足百件，其特點是香灰色胎，淡天青色釉，多裹足支燒，工藝考究。尤其是細潤的淡天青色釉，給人以幽玄靜謐的視覺享受，充分體現出宋代社會追求清淡含蓄、自然質樸的審美趣味。官窯瓷器，澄泥為範，胎色鐵黑，釉色粉青，釉層瑩澈，如冰似玉，極其精緻，「紫口鐵足」更增添其古樸典雅之美。哥窯瓷器充分利用釉面開片美化自身，「金絲鐵線」迂迴穿插，交織如網，使寧靜的釉面產生韻律美。定窯是五大名窯中唯一主產白瓷的瓷窯，產品常以刻花、劃花、印花或描金花進行裝飾，有「定州白瓷甌，顏色天下白」之美稱。鈞窯所創燒的玫瑰紫、海棠紅等銅紅窯變釉，如詩如畫，絢麗斑斕，為瓷器的高溫色釉裝飾開闢了新的途徑。人們曾用「峽峪飛瀑兔絲縷，夕陽紫翠忽成嵐」形容鈞釉之美妙。

　　元、明、清時期，中國的陶瓷生產呈現出新的格局，主要表現在江西省景德鎮的製瓷業憑藉天時地利迅猛發展，逐漸顯示瓷壇霸主的實力。自元代朝廷在景德鎮設「浮梁瓷局」[8]掌管燒造官府用瓷開始，我國瓷器生產的重心就逐漸向景德鎮轉移。明、清時，朝廷又在景德鎮設御窯廠，遣官駐廠或命地方官督造，集中全國最優秀的製瓷工匠，壟斷優質原料，不惜工本地大量燒造宮廷用瓷。由於各朝皇帝審美趣味的不同和社會時尚的變化，促使工匠們不斷改進技術，瓷器的花色品種層出不窮。官窯的繁盛帶動了民營瓷業的迅猛發展，致使明、清時天下至精至美之瓷器莫不出於景德鎮，景德鎮也因此而成為全國的製瓷中心。元、明、清時期的磁州窯、龍泉窯、德化窯等雖還在繼續燒造日用瓷器，但與景德鎮窯相比，無論在產量、品質、品種方面，還是在產品銷路方面，都不能相提並論了。

　　在中國陶瓷發展史上，元代是一個承前啟後的重要時期。由於元政府實行「匠戶」制度，對有一技之長的工匠比較重視，又加強了對外貿易，致使陶瓷手工業生產有了進一步發展。早在元王朝統一中國的前一年（至正15年，即1278年），元朝統治者即在景德鎮設浮梁瓷局，掌管燒造官府用瓷，為景德鎮瓷業生產的發展創造了必要條件。傳世或出土的署「樞府」或「太禧」銘款的卵白釉瓷器，就是在浮梁瓷局監督下為「樞密院」[9]和「太禧宗禋院」[10]燒造的專用瓷。元代景德鎮窯在製瓷工藝上的進步，首先體現在製胎原料的使用方面，即由過去使用單一瓷石，改為瓷石加高嶺土「二元配方」，隨著高嶺土的引入，瓷胎中氧化鋁（AL_2O_3）含量提高，拓寬了瓷器的燒成溫度範圍，減

[11] 見初刊於明崇禎十年（1637年）宋應星《天工
開物》。

少了變形，提高了成品率，同時也為燒造頗有氣勢的大件器物創造了條件。其次，元代
景德鎮窯除了繼續燒造青白瓷、黑瓷以外，還創燒出青花、釉裡紅、高溫銅紅釉、高溫
鈷藍釉、高溫卵白釉以及釉上五彩、孔雀綠釉瓷等新品種。元代景德鎮窯取得的這些成
就，為景德鎮在明、清兩代成為全國的製瓷中心奠定了堅實的基礎。

明代自洪武二年（1369年）開始，朝廷即在景德鎮設御窯廠專門燒造宮廷用瓷，此
後，歷朝沿襲此種制度。御窯廠平時由饒州府的官吏管理，每逢大量燒造時，朝廷都派
宦官至景德鎮督造，如永樂時派工部使祈鵬、宣德時遣中官張善駐廠督造。明代御窯
廠內分工很細，設大碗作、碟作、盤作等二十三個作坊，有工匠三百三十四名，作頭
五十八名。從原料開採到最後燒成，「一杯工力，過用七十二方克成器」[11]。這種精細
的分工協作，使生產專業化，有利於提高產品品質。明代御窯廠歷時二百餘年，燒造了
大量精美的瓷器，文獻中僅有的幾次有關燒造方面的記載足以說明當時產量之驚人。根
據《明史》、《明實錄》、《大明會典》、《江西省大志‧陶書》等記載，宣德八年，應掌管
御膳機構尚膳監的要求，一次燒造各樣瓷器四十四萬三千五百件。成化年間雖無確切數
字可查，但「燒造御用瓷器最多切久，費不貲」。正德年間，朝廷兩度委派宦官至景德
鎮監造三十餘萬件瓷器。嘉靖、隆慶、萬曆三朝，朝廷接連不斷地下達燒造任務，據不
完全統計，嘉靖八年共燒造六十五萬餘件，隆慶朝十二萬餘件，萬曆五年至二十二年共
計五十一萬餘件。至於每件瓷器的平均耗費，《明經世文編》第四百四十四卷中有「瓷
器節傳二十三萬五千件，約費銀二十萬兩」的記載，由此可推算每件瓷器的平均耗費約
為一兩白銀。從傳世品及出土物看，明代永樂、宣德時的青花、鮮紅釉、祭藍釉、甜白
釉瓷，成化時的鬥彩瓷，弘治時的黃釉瓷，正德時的孔雀綠釉瓷，嘉靖時的瓜皮綠釉
瓷，嘉靖、萬曆時的五彩、素三彩瓷等，集中體現了明代御窯廠的瓷器燒造水準。

清代御窯廠雖在順治時就已恢復，但當時並未取得顯著成就。康熙十九年（1680
年）以後，御窯廠的經營逐漸走上正軌，直至雍正、乾隆兩朝，在皇帝的直接關心下，
經過臧應選、郎廷極（1663～1715年）、年希堯（？～1738年）、唐英（1682～1756年）等幾
位督陶官的苦心經營，取得了巨大成就。與明代御窯廠一樣的是清代御窯廠亦設二十三
作，但其中的「仿古作」和「創新作」屬新設作坊，是明代所沒有的，由此也決定了
清代御窯廠生產的特點是仿古加創新。特別是康、雍、乾三朝，不僅恢復了明代瓷器中
所有的花色品種，而且還創燒出大量的新品種。雍正十三年（1735年）督陶官唐英撰寫
的《陶成紀事》記載當時御窯廠仿古創新的瓷器達五十七種之多。從傳世實物看，康熙
時的青花瓷，以國產上等青料繪畫，濃淡有致，呈色鮮麗明豔，別具風格，將青花這門
藝術推向一個新的境界。康熙五彩的重大突破是發明釉上藍彩瓷器，從而導致康熙時釉

[12] 見[日]三上次男《陶瓷之路》，李錫經、高喜
美根據日本岩波書店1972年4月20日第5次印刷本
（日文）翻譯，文物出版社，1984年9月。

上五彩的盛行，改變了明清五彩以青花五彩占主導地位的局面。雍正、乾隆時的鬥彩瓷器，將當時新興的粉彩引入畫面，呈現柔潤富麗的藝術效果。雍正時的青釉瓷器呈色穩定，燒造技術達到歷史上最成熟階段。另外，澆黃、霽藍、灑藍、瓜皮綠、孔雀綠、礬紅、紫金釉瓷等傳統品種的燒成技術也有很大提高。明代中期以後一度衰落的霽紅釉和釉裡紅、青花釉裡紅瓷，在康熙時即得以恢復，至雍正、乾隆時燒造水準得到進一步提高。

清代康、雍、乾時期景德鎮御窯廠的創新品種主要有琺瑯彩、粉彩、釉裡三色、郎窯紅、豇豆紅、天藍釉、廠官釉、窯變釉、仿古玉釉、爐鈞釉、虎皮三彩、米黃釉、淡黃釉、珊瑚紅釉、松石綠釉、胭脂紅釉等，極大地豐富了陶瓷的花色品種。乾隆時還發展了特種製瓷工藝，各種轉心瓶、轉頸瓶、交泰瓶等，技藝精湛，構思巧妙，令人歎為觀止。而仿核桃、櫻桃、柑橘、石榴、花生等乾鮮果品，以及仿螃蟹、海螺等水族動物的像生瓷，還有仿漆釉、仿石釉、仿木紋釉以及仿古銅彩瓷器等，均惟妙惟肖，使人僅憑肉眼難辨真假。

乾隆以後，中國政治、經濟狀況急轉直下，尤其是清代晚期，內憂外患接踵而來，整個封建社會陷入風雨飄搖的窮途末路之中。瓷器生產亦每況愈下，花色品種急劇減少，幾乎無創新可言，只是沿襲康熙、雍正、乾隆時期的部分品種。

至於清代御窯廠的瓷器生產數量和耗費，總數雖無法統計，但從有關文獻記載中亦可略見一斑。督陶官唐英在乾隆四十四年撰寫的《瓷務事宜示諭稿·序》曰：「余於雍正六年奉差督陶江右……迄雍正十三年，計費帑金數萬，而製進圓、琢等器不下三四十萬件。」雍正十三年（1735年），唐英在《陶成紀事》中對這方面的記載更為詳細，當時每年秋、冬兩季向宮廷上交的圓、琢器皿達六百餘桶，其中盤、碗、鐘、碟等上色圓器一萬六七千件，其落選之次色有六七萬件不等；其瓶、罍、壇、尊、彝等上色琢器二千餘件，尚有落選次色二三千件不等。至於每月初二、二十六兩期解送淮關總管年（即年希堯）處呈樣或十數件、或六七件不等在外。這些產品大約由三百人（包括輔助工和辦事人員）完成。每年的總支出是八千兩銀子。

早在隋、唐時期，中國瓷器就開始流傳到國外，此後歷代都被作為重要商品行銷世界各地。其輸出的路線主要有兩條：一條是陸路，沿絲綢之路從西安到波斯；另一條是海路，從廣州經波斯灣遠達非洲。從中國到非洲，距離一萬五千多公里，日本著名學者三上次男先生稱之為「充滿艱難困苦的陶瓷貿易之路」，「是跨越中世紀東西方的一條友誼紐帶，同時也是一座東西文化交流的橋樑」[12]。中國陶瓷和製瓷技術的對外傳播，是中國對人類文明的重大貢獻之一。

新石器時代

陶器是人類社會發展到一定階段的必然產物，是隨著原始農業的出現和人類定居生活的需要而產生的，是人類社會進入新石器時代的重要標誌之一。考古發現所獲得的資料證明，我國是世界上最早製作和使用陶器的國家之一，我國的陶器生產距今已有一萬多年的歷史，陶器是原始先民主要的日常生產和生活用具。

我國新石器時代製陶遺址的分佈相當廣泛，南北各地均有大量實物資料出土。主要分佈區域有黃河流域、長江流域、東南沿海及北方草原地區等，而且均呈現出不同的地域特色。黃河、長江中上游地區以精美的彩陶而聞名，下游地區以工藝精湛的白陶、紅陶和黑陶著稱。東南沿海地區以印紋硬陶為代表。北方草原地區的陶器則以富有民族特色的造型稱奇。各地區的陶器雖有其獨特之處，但相互之間又存在著內在的聯繫和影響。

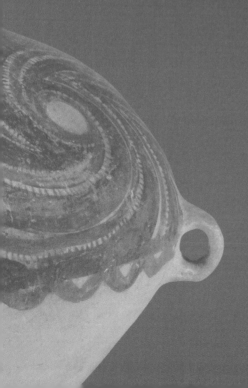

1

彩陶盆

【新石器時代仰韶文化半坡類型】
（約西元前4800-前3900年）
高16.4公分　口徑37.4公分

◎泥質紅陶。折沿，直腹，圜底。口沿及外腹部均以黑彩描繪紋飾，口沿上描繪以點定位的水波紋，腹部描繪兩層三角形幾何紋，兩層紋飾中三角形的大小及形狀相同，但方向相反。這種三角形紋飾是由魚紋逐漸抽象演變而來。

2

彩陶缽

【新石器時代馬家窯文化馬家窯類型】
（約西元前3100-前2700年）
高9.6公分　口徑21.3公分　底徑12公分

◎橙黃色泥質陶，表面打磨光滑。缽內、外及口沿均以黑彩描繪紋飾。缽內以底心為中心描繪漩渦紋，外壁為波浪紋，口沿為三組菱形網格紋。此缽造型飽滿，圖案線條流暢，具有強烈的韻律感。是馬家窯類型彩陶的典型器。

3

彩陶漩渦紋雙繫罐

【新石器時代馬家窯文化半山類型】
（約西元前2600-前2300年）
高37公分　口徑10公分　底徑13公分

◎胎呈暗紅色。肩及上腹部以寬肥的帶鋸齒邊的黑彩條帶與細窄的紅彩條帶構成漩渦紋，利用弧線的起伏旋轉表現河水奔騰向前的韻律感。這種將柔和的弧線和醒目的圓點相結合構成嚴整的二方連續裝飾帶，是馬家窯文化半山類型彩陶的典型構圖方式。

4

彩陶蛙紋雙繫罐

【新石器時代馬家窯文化馬廠類型】
（約西元前2200-前2000年）
高42公分　口徑13.1公分　底徑10公分

◎罐撇口，圓腹，小平底，腹部兩側對稱置環形繫。泥質紅陶。外壁於橙紅色陶衣上以黑彩描繪變形蛙紋，圖案線條流暢。變形蛙紋是馬家窯文化馬廠類型彩陶上的典型紋飾。

5

白陶雙繫壺

【新石器時代大汶口文化】
（約西元前4300-前2400年）
高19公分　口徑8.8公分　底徑6公分

◎此件器物造型特別，主要是肩、腹部一側壓成扁平狀，在腹部中間一側置兩個圓繫，兩個圓繫中間又凸起一個小裝飾。大汶口文化是黃河下游地區新石器時代文化，因最初於1959年發現於山東省泰安市大汶口而得名。其發展可分為早、中、晚三期，白陶出現於大汶口文化晚期。

6
紅陶鬶
【新石器時代龍山文化】
（約西元前2400-前2000年）
高39公分　通流長11.9公分　足距14.5公分

◎泥質紅陶。鳥喙形長流，細長頸，三個袋形足分襠而立，頸與後袋足之間置一繩狀鋬手，鋬手兩端附加乳釘紋。器物造型挺拔，似挺立之雄雞。鬶是山東龍山文化陶器中最具特色的造型之一。

7

黑陶雙繫罐

【新石器時代龍山文化】
（約西元前2400-前2000年）
高26公分　口徑19.5公分　底徑10.5公分

◎龍山文化陶器以砂質黑陶和泥質黑灰陶數量最多，泥質黑陶次之，並有少量紅陶與白陶，彩陶也偶有發現。陶器的製法雖然還在使用手製，但快輪拉坯的使用已很普遍，因此

器物形體較為規整，胎體明顯變薄，尤以山東龍山文化的黑陶最為精緻。其中以素面磨光黑陶最具特徵，其胎體薄而均勻，色澤黑亮，有的薄如蛋殼，故有「蛋殼黑陶」之美稱。

商、西周、春秋、戰國、漢

商周時期，人們主要的日常生活用具仍然是陶器。商代除了大量燒造灰陶以外，還燒造紅陶、黑陶、印紋硬陶等，它們是普通百姓最主要的日常生活用器，其造型和紋飾多模仿當時的青銅器。商代最著名的陶器是精美的刻紋白陶，係用純淨的陶土製作而成，顏色潔白。殷商時期，國俗尚白，刻紋白陶是當時貴族享用的高級器皿。約在商代中期出現了原始瓷，為後來瓷器的發明奠定了基礎。

戰國時期陶瓷生產更加專業化，印紋硬陶和原始瓷在南方獲得普遍發展。秦始皇兵馬俑充分體現了秦代高超的製陶水準和精湛的雕塑藝術。西漢時期北方發明了低溫鉛釉陶，為以後低溫釉彩的發展奠定了工藝基礎。出現於商代中期的原始瓷，經過西周、春秋、戰國、西漢的發展，至東漢時已成長為符合現代瓷器標準的瓷器。這是陶瓷發展史上的一項重大發明，也是中華民族對人類文明所作出的傑出貢獻之一。

8
白陶雕刻饕餮紋雙耳壺
【商】
高22.1公分　口徑9.1公分　足徑8.9公分

◎壺斂口，鼓腹，圈足。頸部對稱置管狀耳，圈足上對稱鏤有雙孔。器身通體雕刻饕餮紋。此白陶壺無論造型或紋飾，均模仿當時的青銅器，是商代白陶中的典型器物。此器出土於河南省安陽市。

9
原始青瓷雙繫罐
【西周】
　高13.2公分　口徑8.4公分　足徑8公分

◎罐的造型頗似魚簍。腹兩側各置一橫繫。罐身施青釉。肩部劃有水波紋及弦紋。由於這種造型的罐只是在西周墓中才有出土，如1955年冬至1966年初安徽屯溪西周墓（編號：M3）即出土類似一件（殷滌非：〈安徽屯溪周墓第二次發掘〉，《考古》1990年第3期），所以將其年代定為西周。
◎此罐出土於河南省洛陽地區。

10
原始青瓷提樑盉

【戰國】
高17.7公分　口徑7公分　足距13公分

◎盉直口，圓腹，腹下承以三足。流為獸頭狀，與流相對一側置捲曲短尾。提樑呈弓形，頂部兩端均貼有鋸齒形棱脊。通體施青釉。肩、腹部暗劃四道連續的水波紋，以弦紋相隔。

◎戰國原始青瓷的造型多模仿當時的青銅器，見有尊、鼎、簋、盉、豆、鐘等，多以刻、劃、捏塑等技法進行裝飾，具有純樸簡潔的風格。

11
原始青瓷劃花雙繫壺
【西漢】
高32.6公分　口徑14.3公分　足徑14.0公分

◎壺撇口，長頸，溜肩，肩部對稱置雙繫，鼓腹，臥足。通體施青釉。肩部暗劃變形鳥紋，頸、肩及腹部暗劃弦紋五道。
◎此壺造型敦厚古樸，裝飾洗練，釉層厚而色深，是東漢青瓷誕生前的過渡物。

12
醬釉陶壺
【西漢】
高35.3公分　口徑13.5公分　足徑14.3公分

◎壺撇口，束頸，溜肩，鼓腹，圈足。壺外通體施醬黃色釉，通體刻劃弦紋數道，釉色蒼鬱古樸，反映出當時崇尚樸實自然的藝術格調。

13
青瓷雙繫壺
【東漢】
高24.5公分　口徑11.5公分　足徑9公分

◎壺肩部對稱置豎繫。通體內外施青釉，外壁施釉不到底。頸、肩部劃有水波紋，腹部劃有密集的弦紋。胎體較薄，釉層勻淨光潔，系剛剛從原始瓷中脫離出來的品質更高一籌的青釉器，堪稱我國最早的瓷器。

14
綠釉陶壺
【東漢】
高40.3公分　口徑17.5公分　足徑16.5公分

◎壺肩部對稱置鋪首耳，鼓腹，腹下承以外侈八方高圈足。
外壁刻劃數道弦紋。通體施低溫鉛綠釉，釉呈瓜皮綠色。此
壺屬於隨葬用冥器。

三國、兩晉、南北朝

三國、兩晉、南北朝歷經三百六十餘年，陶瓷生產發展迅速。南方製瓷技術明顯提高，瓷器產區和規模不斷擴大，浙江、江蘇、福建、江西、湖南、湖北、四川省等境內均有窯址分佈。瓷器造型以日常生活所用盤、碗、壺、罐、槅、洗、穀倉、燭台、硯台、雞籠、豬圈、盞托、水盂、虎子、唾壺、薰爐、耳杯盤、人物塑像等為主，產品各具地方特色。

　　河南省安陽市北齊范粹墓出土的白瓷，是目前已知最早的白瓷，為隋、唐時期白瓷的發展奠定了基礎。

◎穀倉上半部堆塑多種飾物，有鼠、雀鳥、崇樓、亭闕、人物、狗等。穀倉的下半部為一完整的青瓷罐，罐肩部塑貼一龜馱碑，碑上刻「永安三年時富且洋（祥）宜公卿多子孫壽命長千意（億）萬歲未見英（殃）」24字。龜之周圍塑貼人物及鹿、豬、龜、魚等動物，其間刻劃狗、魚、龍等紋飾，另外，還刻劃「飛」、「鹿」、「句」、「五種」等字樣。

◎此穀倉係二十世紀三十年代後期浙江紹興三國墓出土。永安係三國時期吳主孫休的年號，永安三年即260年。該器以百鳥爭食、歡慶豐收、牲畜滿欄等立體雕飾展現了一千七百多年前江南吳地地主莊園五穀豐登的場景，散發著濃郁的生活氣息。

15
青釉堆塑穀倉
【三國】
高46.4公分　口徑29.1公分　足徑16公分

◎羊昂首屈膝而臥。兩肋刻劃羽翼，作者似要賦予它某種神奇的力量。羊首上端開一圓洞，以供插物件用，有人認為是供插蠟燭用。

◎羊是中國人民喜愛的動物，這不僅因為它溫順可愛，更重要的原因在於它是人們心目中的善良之物。以羊為形象而製作的青瓷，其本身就蘊含著吉利祥和之意。

17

青釉褐斑羊頭壺

【東晉】

高23.8公分　口徑10.8公分　足徑10.8公分

◎壺肩部一側置羊頭形流，與之相對一側置連於口、肩的曲柄。肩部對稱置半環形繫，釉下刻劃弦紋兩道。壺口、羊頭及雙繫上均塗點褐色斑點。以塗點褐色斑點裝飾的青瓷，始見於西晉晚期，流行於東晉時期，成為東晉青瓷的顯著特徵之一。

18
黑釉唾壺

【東晉】
高9.9公分　口徑8.9公分　足徑9.4公分

◎唾壺外壁施黑釉，釉不及底。唾壺亦稱唾器，屬於潔具，安徽阜陽雙古堆西漢汝陰侯墓曾出土署「女陰侯唾器」銘的漆唾器。瓷質唾壺始見於東漢，從三國、兩晉開始流行。東晉時期以青釉唾壺較為多見，黑釉唾壺較為少見。東晉時期燒黑釉瓷的瓷窯以浙江德清窯最為著名，從這件唾壺的胎釉特徵看，亦應屬於德清窯製品。

19
青釉刻花單柄壺
【南朝】
高21.3公分　口徑11公分　足徑12.4公分

◎壺肩部對稱置雙豎繫，另置管狀短流，與流相對置一彎柄。胎體厚重。內外均施青釉，釉層透明，玻璃質感較強。肩部及腹下部分別刻劃仰、覆蓮瓣紋，兩層蓮瓣之間刻劃忍冬紋。佛教自東漢傳入我國以後，至南北朝時期趨於興盛，反映在瓷器裝飾方面，這一時期的青瓷上流行裝飾蓮花、蓮瓣、忍冬等紋飾，呈現鮮明的時代特徵。

20
青釉蓮花尊
【北朝】
高67公分　口徑19公分　足徑20公分

◎尊頸、肩相接處置六個由雙股泥條
做成的豎繫。通體紋飾達十一層：頸
部三層，自上而下依次為塑貼的飛
天、寶相花及團龍紋。肩、腹部以
塑貼加雕刻技法裝飾三層覆蓮瓣、
二層仰蓮瓣、一層菩提樹葉。脛部雕
刻二層覆蓮瓣紋。器物通體施青綠色
釉，釉層開片。圈足內素胎無釉。
◎此尊為1948年河北景縣封氏、祖
氏墓群出土的四件蓮花尊之一。其
形體高大，氣魄雄偉，集塑貼、模
印、雕刻等多種裝飾技法於一體，紋
飾繁縟精美，令人歎為觀止。

21
黃釉綠彩刻蓮瓣紋四繫罐
【北朝】
高23.5公分　口徑7.7公分　足徑8.4公分

◎罐肩部置四個半圓形繫，四繫之下暗劃忍冬紋裝飾帶，忍冬紋以下刻劃垂至腹中部的覆蓮瓣紋。罐體上半部施黃色透明薄釉，並在八個方向各施一道綠彩。

◎此罐於1958年出土於河南省濮陽縣北齊車騎大將軍李雲

夫婦合葬墓（周到：〈河南濮陽北齊李雲墓出土的瓷器和墓誌〉，《考古》1964年第9期）。據出土墓誌記載，李雲病逝於武平六年（575年）八月，葬於武平七年十一月十日，由此可推斷該罐製作年代的卜限。

隋、唐、五代

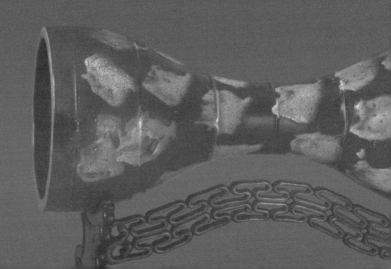

隋代陶瓷生產承前啟後，以燒造青瓷為主，南北方均有燒造。裝飾多以簡單的刻、劃花為主，常用朵花、幾何紋、草葉紋等相間排列，組成團狀或帶狀圖案，時代特徵鮮明。隋代白瓷更加成熟，胎質潔白細膩，釉質勻淨光潤。隋代陶瓷中出現不少新穎的造型，盤口四繫瓶、高足盤、雙連瓶等，均是時代特徵鮮明的造型。

唐代陶瓷業獲得蓬勃發展，窯址遍佈南北各地，器物造型千姿百態，裝飾紋樣豐富優美。飲茶風俗的普及，進一步刺激了製瓷業的發展。如冰似玉的越窯青瓷、類銀類雪的邢窯白瓷、絢麗斑斕的花瓷、實用美觀的長沙窯釉下彩繪瓷以及斑駁陸離的唐三彩等，均堪稱享譽海內外的名品。亞、非各國出土的我國唐代陶瓷資料證明，隨著當時中外經濟、文化的交流和發展，陶瓷已成為中外友好交往的使者。

五代陶瓷胎體趨薄，而且更注重造型美觀和以刻劃花技法進行裝飾，為宋代陶瓷生產高峰的出現奠定了工藝基礎。

◎罐內外施白釉，外壁施釉不及底。釉薄而勻淨，潔白無瑕，釉面佈滿細碎開片。造型飽滿端莊，顯得優雅而古樸。

◎隋代白釉瓷器在繼承北朝工藝技術的基礎上，又有了長足的進步。由於此罐與西安郭家灘隋大業六年（610年）姬威墓出土的一件白瓷罐基本相同（陝西省文物管理委員會：〈西安郭家灘隋姬威墓清理簡報〉，《文物》1959年第8期），由此可以斷定其燒造年代應在隋代大業年間。

22
白釉罐
【隋】
高19.2公分　口徑9.7公分　底徑15.2公分

23
青釉劃花蓮瓣紋四繫盤口瓶
【隋】
高43公分　口徑15公分　足徑13.5公分

◎瓶肩部置四個雙股泥條做成的豎
繫。通體施青綠色釉，釉僅施到腹下
部。釉下施有潔白的化妝土。釉面
開有片紋。頸部、肩部均戳印圓圈
紋。肩部有兩層劃花紋飾，上為覆蓮
瓣紋，下為忍冬紋。腹部三層劃花紋
飾，上下均為覆蓮瓣紋，中間為忍冬
紋。由於考古工作者在安徽淮南窯遺
址曾發現這種四繫盤口瓶標本，在安
徽地區隋代墓葬中也出土這類四繫盤
口瓶，由此推斷，這件四繫盤口瓶應
為隋代安徽淮南窯產品。

24
越窯青釉八棱瓶

【唐】

高21.7公分　口徑2.3公分　足徑7.9公分

◎瓶通體呈八棱形。胎色灰白，胎
　質緻密。通體施青綠色釉，釉層薄
　而均勻。輕輕用手指叩擊，聲音清
　脆，瓷化程度比一般越窯瓷器高。

◎1987年在陝西省扶風縣法門寺唐
　代塔基地宮曾出土十四件越窯秘色
　瓷，其中有一件青釉八棱瓶，造型
　和釉色與這件八棱瓶相似，大小亦
　相若。因此這件八棱瓶亦應屬於秘
　色瓷。1954年北京故宮博物院陳萬
　里先生以及後來浙江省古陶瓷研究
　者在調查和發掘浙江省慈溪市上林
　湖晚唐越窯遺址時，均發現過這種
　八棱瓶的殘片，由此可以確定這件
　八棱瓶及法門寺塔基地宮中出土的
　秘色瓷均屬上林湖越窯產品。

25
越窯青釉執壺
【唐】
高13.4公分　口徑5.9公分　足徑7.3公分

◎執壺頸部置八棱短流，與之相對一側頸、肩之間置曲柄。內外施青釉。

◎該青釉壺是陳萬里先生於1936年在浙江紹興得到的，它出土於浙江紹興唐戶部侍郎北海王府君夫人墓，墓誌記載該墓

的年代為元和五年（810年）。因此這是一件有確切年代可考的器物，是唐代越窯青瓷斷代的標準器，反映了九世紀初越窯青瓷的燒造水準。1954年，陳萬里先生將此壺捐獻給北京故宮博物院。

26

邢窯白釉瓶

【唐】

高14.4公分　口徑6公分　足徑4.5公分

◎瓶通體施透明釉。瓶體除肩部刻劃兩組弦紋外，別無紋飾。胎質細膩潔白。

◎傳世和出土唐代邢窯白瓷以盤、碗最為多見，瓶類罕見。唐代文獻稱邢窯白釉瓶為「內邱瓶」。此瓶形體端莊秀美，胎釉潔白無瑕，傳世僅此一件，故彌足珍貴。

27
邢窯白釉罐
【唐】
高13公分　口徑7.4公分　足徑6.1公分

◎罐通體內外施白釉，外底無釉。胎質潔白細膩，釉面潔白無瑕。

◎邢窯是唐代著名的白瓷窯，其遺址在河北省內邱縣。唐人對邢瓷多有記述，陸羽《茶經》稱「邢瓷類銀」、「邢瓷類雪」，唐人李肇《唐國史補》稱：「內邱白瓷甌，端溪紫石硯，天下無貴賤通用之。」說明邢窯白瓷在當時是深受人們喜愛的商品之一。

28
青釉鳳首龍柄壺
【唐】
通高41.3公分　口通流長19.3公分

◎壺蓋與壺口吻合成鳳頭狀，使壺的整體看上去頗似一隻挺立的鳳鳥。壺柄塑成一直立的龍形。壺體以塑貼和刻劃技法裝飾。腹部塑貼主體紋飾兩層，上為六個聯珠紋圓形開光，內有手舞足蹈的力士，下為寶相花六朵。口沿、頸、肩及脛部飾以聯珠、蓮瓣、卷葉或垂葉紋。此壺胎體厚重，釉層凝厚，玻璃質感強，帶有北朝以來北方青瓷的遺風。其裝飾紋樣繁複，結構嚴謹，層次清晰。洋溢著濃郁的異國情調。

◎六朝至唐代，我國與西亞各國文化交流頻繁，波斯的一種金屬有蓋鳥首壺傳到我國，影響所及，在唐代的青瓷、白瓷及三彩釉陶中出現了鳳首壺，其中以這件青釉鳳首龍柄壺最為精美。1980年河北滄州市西郊第一磚場唐墓曾出土一件類似的青釉龍柄壺（王敏之：〈滄州出土、徵集的幾件陶瓷器〉，《文物》1987年第8期），只是壺口做成盤口。

29
三彩燭台

【唐】
高29.8公分　口徑7公分　足徑12公分

◎燭台分上下兩部分，上邊的承盤小，下邊的承盤大，中間連以起弦擎柱，圈足外撇，上盤中心置插座。通體施藍、綠、黃、白釉，圈足內素胎無釉。

◎唐代三彩器上的釉色以黃、綠、白三色最為多見，此件三彩燭台上大面積使用藍彩頗為少見。唐三彩作為隨葬用的冥器，多以人們日常使用的器物為藍本製作而成，這件三彩燭台反映了唐代燭台的樣式之一。

30
三彩蓋罐
【唐】
高23.5公分　口徑12.8公分　足徑12.8公分

◎罐口施黃釉，罐身施釉不到底，以綠釉為地，襯以白點及
黃道組成的菱形圖案。蓋面以綠釉為地，襯以白點及黃道組
成的花瓣紋飾。

◎此件唐三彩蓋罐上的釉彩鮮明亮麗，紋飾係模仿唐代流行
的蠟纈染織物上的圖案紋樣，給人以優美絢麗之美感。

31
花瓷腰鼓
【唐】
長58.9公分　鼓面直徑 22.2公分

◎腰鼓廣首纖腰，鼓身凸起弦紋七道。內外施黑釉，外部黑色釉地上塗灑幾十塊天藍色斑塊，裝飾效果靜穆典雅。「花瓷」是「花釉瓷」的簡稱，是唐代北方窯的創新品種，主要產於河南地區。目前已發現唐代河南魯山窯、郟縣窯、登封窯、禹縣下白峪窯及陝西耀州窯等燒造花瓷。其中燒造花瓷腰鼓的窯有魯山窯、禹縣下白峪窯、耀州窯等。現存完整的腰鼓僅有北京故宮博物院收藏的這一件，堪稱研究古代中國音樂史的重要實物資料。

32
花瓷雙繫瓶

【唐】

高19.9公分　口徑7.4公分　足徑10.7公分

◎瓶頸兩側對稱各置一繫，近底處深刻弦紋一道。通體施黑釉，近底處露胎。烏黑的釉面上塗灑四塊灰藍色斑塊，斑塊自然浸漫，妙趣天成。

33
長沙窯褐釉模印貼花雙繫罐
【唐】
高19.2公分　口徑12.6公分　足徑14.2公分

◎罐身施褐中泛黃色釉。肩部對稱置方形雙耳並裝飾四朵模印貼花椰棗樹紋。近足處一周及底部素胎無釉。

◎在唐代眾多瓷窯中，長沙窯獨樹一幟，其產品具有鮮明的特色，模印貼花工藝的大量運用堪稱其特色之一。。

34
越窯青釉執壺
【五代】
高19.7公分　口徑9.7公分　足徑7.6公分

◎壺肩部一側置彎流，另一側置連於口、肩之間的曲柄。肩部對稱置雙繫。經過對唐、五代墓出土陶瓷執壺進行對比研究後可以發現，與唐代執壺相比，五代執壺的構造更趨合理，特別是壺流明顯加長，更實用，這件青釉執壺就是最好的例證。

35
青釉夾耳蓋罐
【五代】
通高18.6公分　口徑7.2公分　足徑8.2公分

◎此罐是廣州石馬村南漢墓出土的四件夾耳蓋罐之一（商承祚：〈廣州石馬村南漢墓葬清理簡報〉，《考古》1964年第6期）。此種夾耳罐的設計頗顯別緻。罐肩部對稱立起一對帶孔的方形繫，蓋側對稱凸出一帶孔的長栓，蓋扣合於罐上時，蓋上伸出的帶孔長栓夾於肩上雙繫之間，一端可繫繩或插銷作軸，另一端可開啟。與此造型相同的夾耳蓋罐在五代時期浙江越窯及湖南長沙窯的產品中均有發現。由此可見，這種夾耳蓋罐在五代時期的江南地區頗為流行。

遼、宋、西夏、金

宋代陶瓷業蓬勃發展，瓷窯遍佈全國各地，出現了陶瓷史上前所未有的興盛局面。在民窯發展的基礎上，朝廷也在南北各地設窯專門燒造宮廷用瓷，名曰「官窯」。汝、官、哥、定、鈞窯等「五大名窯」瓷器備受後人推崇。色如天青的汝窯青瓷、釉質如玉的官窯青瓷、「巧用缺陷」的哥窯青瓷、印花精美的定窯白瓷、釉色絢爛的鈞窯瓷器、刻花犀利的耀州窯青瓷、千峰翠色般的越窯秘色瓷、勝似美玉的龍泉窯青瓷和景德鎮窯青白瓷、樸實無華的磁州窯白釉剔劃花瓷及變幻莫測的建窯結晶釉瓷等，集中體現了宋代瓷器的燒造水準。

北方地區遼、金、西夏的陶瓷，既受中原陶瓷工藝影響，又獨具各民族風格，堪稱歷史上中華民族文化大融合的生動體現。

宋、金時期南北各地還形成一些工藝技法、裝飾風格相類似的瓷窯體系，如北方地區的定窯系、耀州窯系、磁州窯系、鈞窯系等；南方地區的越窯系、龍泉窯系、建窯系、景德鎮窯系等。窯系的形成是製瓷原料的自然分佈和名窯產品的影響所致。

36
汝窯淡天青釉三足尊
【宋】
高12.9公分　口徑18公分　底徑12.8公分

◎尊仿漢代銅尊造型。屬於溫酒用具。器身呈直筒形，下承以三個獸足形足。外壁凸起弦紋七道，外底有5個細小支釘痕。裡外滿施淡天青色釉，釉面滋潤，開細碎紋片。汝窯三足尊傳世僅有兩件，除此件以外，英國倫敦大衛德基金會還收藏一件，但北京故宮博物院收藏的這一件釉質更好。

37
汝窯淡天青釉三足尊承盤
【宋】
高3.6公分　口徑18.3公分　足距16.7公分

◎承盤直口，平底，下承以三個獸足形足。裡外施天青色釉，釉面開細碎紋片。外底滿釉，留有五個細小支釘痕，並鐫刻有乾隆皇帝御製詩：「紫土陶成鐵足三，寓言得一此中函。易辭本契退藏理，宋詔胡誇切事談。」句末署「乾隆戊

戊夏御題」。乾隆戊戌即乾隆四十三年，1778年。

◎此件器物以往被稱為「三足洗」或「三足盤」，但從出土
漢代銅鎏金三足尊均與三足承盤配套使用看，此器應被稱作
「汝窯三足尊承盤」。此器屬傳世孤品，彌足珍貴。

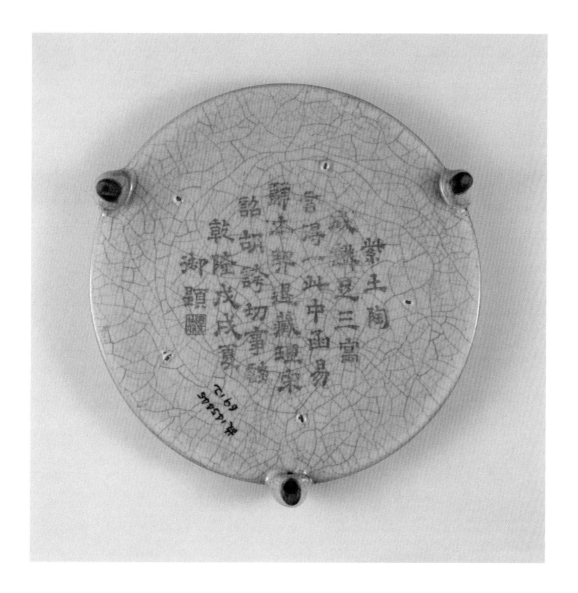

38
官窯粉青釉圓洗
【宋】
高6.6公分　口徑22.6公分　足徑19公分

◎洗敞口，器身斜直，內底坦平，下承以矮寬圈足，圈足底邊的接觸面露胎無釉。通體內外施粉青色釉，釉質純淨瑩澈。釉面上，金絲般的片紋縱橫交織，片紋間又閃現出層層冰裂紋，妙趣天成。外底鐫刻乾隆皇帝御製詩：「脩內遺來六百年，喜他脆器尚完全。況非髻墾不入市，卻足清真可設筵。詎必古時無盌製，由來君道重盂圓。細紋如擬冰之裂，在玉壺中可並肩。」句末署「乾隆御題」。下鈐「八徵耄念」、「自彊不息」兩個方形章記。

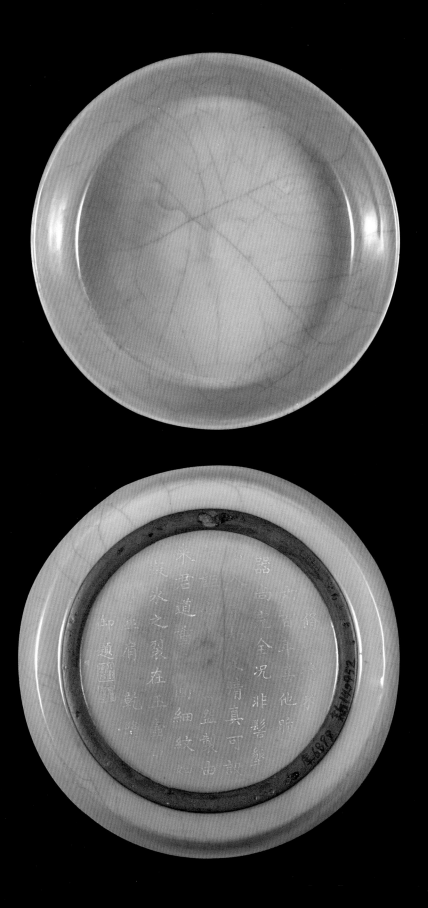

39
官窯粉青釉弦紋瓶
【宋】
高33.6公分　口徑9.9公分　足徑14.2公分

◎瓶之圈足對稱開一長方形孔，可供
穿帶繫繩用。頸、腹部凸起弦紋七
道。通體施粉青色釉，釉層肥腴，美
若古玉。

◎此瓶係仿漢代銅壺式樣燒造而
成，造型古樸。器身凸起的弦紋改變
了單一青釉給人視覺上帶來的單調
感，增強了器物的裝飾性。釉面佈滿
大開片紋，縱橫交錯，自然天成，堪
稱宋代官窯瓷器中難得一見的大件器
物。

40
哥窯青釉魚耳爐
【宋】
高9公分　口徑11.8公分　足徑9.6公分

◎此爐造型仿商周青銅禮器簋，腹部對稱置魚形耳。通體施灰青色釉，釉面開片，鐵黑色紋路和金黃色紋路交織如網，俗稱「金絲鐵線」，使素淨的釉面富於韻律美。外底有六個圓形支燒釘痕，並鐫刻乾隆皇帝御製詩：「伊誰換夕薰，香

訝至今聞。製自崇魚耳，色猶纈鱔紋。本來無火氣，卻似有雲甌。辨見八還畢，鼻根何處分。」後署「乾隆丙申仲春御題」。乾隆丙申，即乾隆四十一年，1776年。

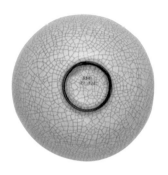

41
哥窯青釉碗
【宋】
高7.5公分　口徑19.8公分　足徑5.6公分

◎碗敞口，弧壁，圈足。裡外均施青釉，釉層豐腴，釉面佈滿細碎的開片紋，俗稱「金絲鐵線」。

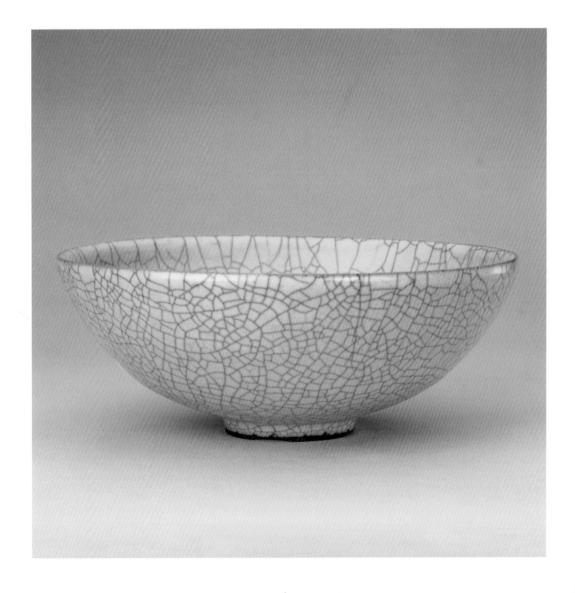

◎枕作孩兒伏臥於榻上狀，以孩兒脊背作枕面。孩兒兩臂環抱墊起頭部，二目炯炯有神，右手持一結帶繡球，兩足交叉上蹺。身穿長衫，外套坎肩。下身著長褲，足蹬軟靴。榻的周邊雕刻有螭龍、垂雲、卷枝等紋飾。通體施白釉，釉色白中略泛象牙黃色。底素胎無釉，有兩孔。

◎此枕以孩兒的脊背作枕面，設計頗具匠心。其雕塑手法細膩入微，生動地體現出孩兒的體態特徵，凝住了古代匠師傾注的真、善、美。

42
定窯白釉孩兒枕
【宋】
高18.3公分　長30公分　寬11.8公分

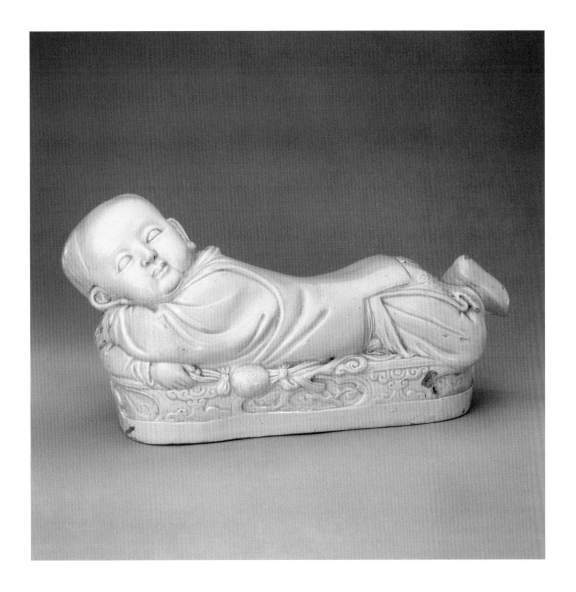

43
定窯白釉刻花梅瓶
【宋】
高37.1公分　口徑4.7公分　足徑7.8公分

◎瓶通體施白中略閃象牙黃色釉。肩部暗刻菊瓣紋一周，腹部暗刻纏枝蓮紋，脛部暗刻仰蕉葉紋。傳世及出土的定窯瓷器以盤、碗最為多見，瓶類器較少見。定窯白釉刻花梅瓶存世不多，除了北京故宮博物院收藏兩件以外，台北故宮博物院及英國倫敦大衛德基金會還各收藏一件。

44
定窯白釉印花纏枝牡丹蓮花紋盤
【宋】
高5.4公分　口徑30.4公分　足徑13.6公分

◎盤內外施白釉。盤內印花裝飾，內底印蓮花、荷葉紋各五組，內壁印纏枝牡丹兩周，兩層牡丹花朵上下相錯，排列有序。口沿因覆燒形成「芒口」而鑲銅邊，文獻稱之為「銅釦」。

◎這件印花纏枝牡丹蓮花紋盤，體大而規整，印花繁縟，層次分明，線條流暢，紋飾清晰，代表了宋代定窯印花瓷器的最高水準。

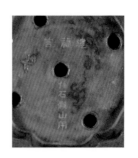

45
鈞窯玫瑰紫釉葵花式花盆
【宋】
高15.8公分　口徑22.8公分　足徑11.5公分

◎花盆呈六瓣葵花式。內外施釉。盆內釉呈天藍色，外壁釉呈玫瑰紫色。外底塗抹醬色釉汁，有五個圓形滲水孔，刻有標明器物大小的數目字「七」，並有清代乾隆時造辦處玉作匠師所鐫刻「建福宮」、「竹石假山用」款識。

46
鈞窯月白釉出戟尊
【宋】
高32.6公分　口徑26公分　足徑21公分

◎尊的造型仿古銅器式樣。頸、腹、足部均塑貼四個條形方棱，俗稱「出戟」。通體施月白色釉，圈足內壁刻劃數目字「三」。傳世宋代鈞窯瓷器以各式花盆、花盆托最為多見，出戟尊較為少見。

47
龍泉窯青釉弦紋瓶
【宋】
高31公分　口徑10.4公分　足徑11.3公分

◎瓶通體凸起弦紋七道。裡外滿
釉，釉色粉青，釉質溫潤如天然美
玉，釉面開有片紋。特別是器身七道
弦紋突起處，釉層變薄，隱露白色胎
骨，打破了單一青釉給人視覺上帶來
的單調感，更襯托出青釉之美。

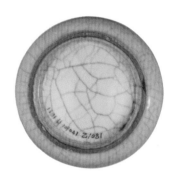

48
龍泉窯青釉鳳耳瓶
【宋】
高17.5公分　口徑5.7公分　足徑6.3公分

◎瓶頸部對稱置鳳耳，通體施青
釉，釉色美若青梅，釉面開有片
紋。南宋時龍泉窯工匠為使青釉更
具玉質感，發明了石灰碱釉，這種
釉不同於以往石灰釉的光亮透明，
而是呈溫潤失透狀。窯工們通過多
次上釉來增加釉層的厚度，燒成後
釉色呈現堪與天然古玉相比美的粉
青、梅子青等色，將我國青釉瓷的
燒成技術推向一個新的水準。

49
景德鎮窯青白釉刻花纏枝花紋梅瓶

【宋】

高26.6公分　口徑5公分　足徑8.5公分

◎梅瓶通體施青白色釉，腹部暗刻纏枝花卉紋。此梅瓶造型比宋、金時期北方耀州窯、定窯、磁州窯燒造的形體修長的梅瓶略顯粗短。所刻花紋在勻淨的青白釉面映襯下，若隱若現，給人以恬靜優美的視覺感受。

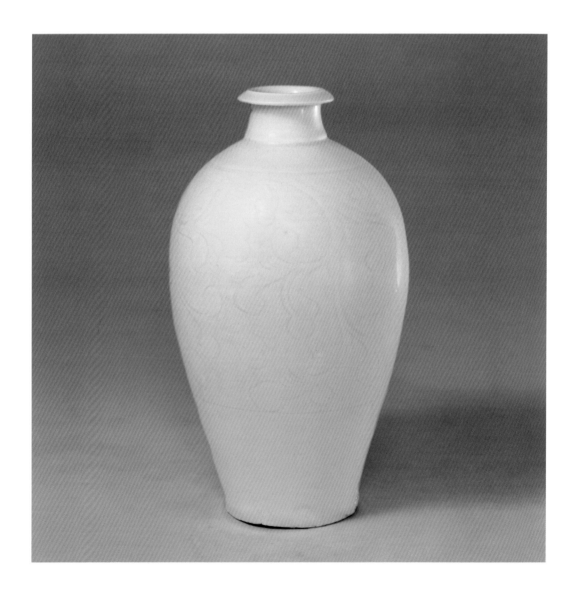

50
景德鎮窯青白釉刻花嬰戲紋碗
【宋】
高6.7公分　口徑20.8公分　足徑6公分

◎碗內外施青白色釉。外壁光素，內壁暗刻嬰戲蓮花紋。宋代景德鎮窯曾大量燒造色質如玉的青白釉瓷，造型見有盤、碗、杯、碟、執壺、注壺、注碗、枕、瓶、罐、燈、盒、魂瓶等。裝飾技法主要有刻、劃、印、雕等。裝飾題材以各種花卉、人物、動物等最為多見。嬰戲紋是刻花碗上常見的題材，工匠捕捉嬰孩玩耍時的動態瞬間，寥寥數刀便使活潑可愛的畫面躍然瓷上，顯示出其嫻熟的技法。

51
耀州窯青釉刻花瓶
【宋】
高19.9公分　口徑6.9公分　足徑7.8公分

◎瓶通體施青釉，釉下暗刻花紋裝飾。肩部有三道凸弦紋，腹部為纏枝牡丹紋，脛部為雙重仰蓮瓣紋，近足處有兩道陰刻弦紋。宋代耀州窯以燒造刻花青瓷而著稱於世，所刻花紋刀鋒犀利灑脫，具有淺浮雕般的藝術效果，水準居宋代各窯之冠。這件青釉刻花瓶堪稱宋代耀州窯刻花青瓷的代表作。

52
白釉珍珠地劃花雙虎紋瓶
【宋】
高32.1公分　口徑7.1公分　足徑9.9公分

◎瓶呈橄欖形。通體珍珠地劃花裝飾。主題紋飾為雙虎搏鬥，一虎站立，張牙舞爪，另一虎作欲撲狀。以柱石、叢草作畫面陪襯，近底處為雙重蓮瓣紋。物象刻畫生動。紋飾空間滿戳珍珠狀小圓圈，故曰「珍珠地」。傳世登封窯白釉珍珠地劃花雙虎紋瓶僅此一件，故彌足珍貴。

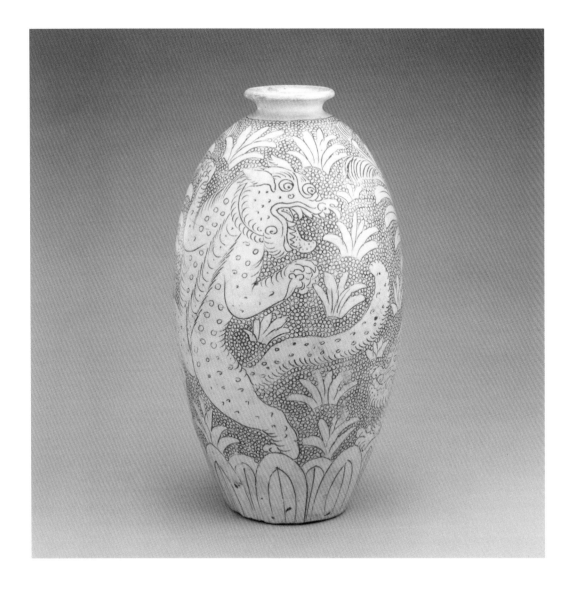

53
建窯黑釉兔毫紋盞
【宋】
高6公分　口徑12公分　足徑4公分

◎碗內外施黑釉，外壁施釉不到底，近底處釉流聚集呈淚痕狀。口沿處釉層因高溫熔融狀態下垂流變薄而呈醬褐色。釉面析出毫狀氧化鐵結晶紋，俗稱「兔毫紋」。宋元時期我國福建、江西、山東、河南、河北等地瓷窯都燒造兔毫盞，其中以建窯所燒造者最為著名，受到一些宋代詩人的讚美，如蔡襄《茶錄》云：「兔毫紫甌新，蟹眼清泉煮。」梅堯臣《次韻和永叔嘗新茶雜言》云：「兔毛紫盞自相稱，清泉不必求蝦蟆。」

◎碗外壁施黑釉不到底。碗內剪紙貼花裝飾，碗心為黑色朵花紋，內壁為三隻飛鳳。

◎把民間剪紙藝術直接運用到瓷器裝飾上是南宋吉州窯瓷器的裝飾特色之一。紋飾有飛鳳、折枝花、梅竹鴛鴦以及「金玉滿堂」、「長命富貴」等吉祥語，多裝飾在茶盞內。

54
吉州窯黑釉剪紙貼花三鳳紋盞
【宋】
高4.5公分　口徑10公分　足徑3公分

55
當陽峪窯剔劃花缸
【宋】
高34.4公分　口徑16.5公分　足徑12.5公分

◎缸外壁通體剔花裝飾，其做法是
先在灰褐色胎上施一層潔白的化妝
土，劃出花葉、纏枝牡丹、回紋
等，再將花紋以外地子上的白色化妝
土剔掉，露出灰褐色胎，形成深色地
子襯托白色花紋的裝飾效果。宋金時
期我國北方山西、河北、河南的一些
瓷窯，為了解決當地製瓷原料不夠純
淨給瓷器生產帶來的弊端，另闢裝飾
蹊徑，大量採用剔劃花裝飾，其中以
河南當陽峪窯的產品最受人稱道。

◎梅瓶胎體呈黃褐色，質地較粗糙。外壁施黑釉，腹部花形
開光內剔劃折枝牡丹，開光以外的隙地上刻劃海水紋。經與
調查、發掘寧夏回族自治區靈武市磁窯堡窯所獲得的標本進
行對比，可以斷定此件梅瓶是西夏磁窯堡窯產品。特別是該
窯所產白釉、黑釉剔劃花瓷器，折枝花多裝飾在開光內，開
光以外的隙地上刻劃海水紋，堪稱該窯剔劃花瓷器裝飾的一
個顯著特點。

56
黑釉剔花折枝牡丹紋梅瓶
【西夏】
高38公分　口徑5公分　足徑10公分

57
三彩劃花鷺蓮紋盤
【遼】
高3.1公分　口徑12.2公分　足徑7.5公分

◎盤內三彩釉下有刻劃的鷺鷥蓮花紋，其做法是：先用鐵錐在胎上劃出圖案線條，經素燒以後，施以綠釉，再在蓮葉上塗抹葡萄紫釉、在鷺鷥與蓮花上塗抹黃釉。此盤暗劃線條流暢自然，以氧化鉛為助熔劑的低溫黃、綠、紫色釉搭配協調，特別是所用葡萄紫色釉在遼三彩上極為少見，故此盤是研究遼三彩頗為重要的實物資料。

58
赤峰窯白釉剔劃花填黑牡丹紋尊
【遼】
高39.5公分　口徑19.8公分　足徑15.8公分

◎尊胎體粗厚而堅硬，施有白色化妝土，外罩透明釉，釉色白中泛黃。肩部兩道弦紋之間劃刻水波紋，腹部以刻劃、剔地填黑釉技法裝飾纏枝牡丹紋。

◎此尊因形似石榴，故又名石榴尊。尊上所裝飾的牡丹花是契丹民族所喜愛的花卉，裝飾技法純樸豪放，富有民族特色。因在內蒙古赤峰市缸瓦窯遺址曾發現這類罐的標本，因而得知這種尊是赤峰窯產品。

59
白地黑花花卉紋梅瓶
【金】
高46.8公分　口徑4公分　足徑10.3公分

◎梅瓶因胎體較粗糙，故施有白色化妝土。通體以釉下黑彩裝飾。肩部以單線勾繪蓮花瓣紋，腹部以黑彩描繪花卉紋及捲草紋，脛部為粗細相間的弦紋。金代磁州窯白地黑花梅瓶以形體修長、漆黑的花紋與潔白的地子對比強烈而備受人們矚目。這種梅瓶除了北京故宮博物院有收藏以外，河北省博物館、上海博物館等也有收藏。

60
白地黑花馬戲紋八方枕
【金】
高11.2公分　長29公分　寬21.3公分

◎枕呈八方形。通體白地黑花裝飾。枕面繪馬戲紋,一馬飛奔,馬鞍上一人作倒立狀。枕側面繪捲枝紋。外底素胎無釉,有「張家造」陽文橫截作坊標記。

◎磁州窯白地黑花瓷枕的裝飾題材很豐富,多為人們喜聞樂見的鄉村野景、花卉、花鳥、動物、嬰戲、山水等。繪馬戲紋者,目前所見僅此一件。畫匠僅用寥寥數筆,即把馬戲表演中演員作倒立的驚險瞬間表現得淋漓盡致,體現出其嫻熟的繪畫技藝。

61
白地黑花詩文如意頭形枕
【金】
高13.2公分　長31公分　寬22公分

◎枕面四周以黑彩隨枕形勾邊，邊框內以黑彩題寫行草體詩文：「春前有雨花開早，秋後無霜葉落遲。」枕的周壁以黑彩描繪捲草紋。經與窯址調查和發掘所獲得的資料對比研究，可以確定這件瓷枕係金代河北磁縣觀台窯產品。

62

黑釉剔花缸

【金】

高17公分　口徑13.5公分　足徑9.5公分

◎缸內僅口部施黑釉。外壁黑釉剔花裝飾，肩部為變形回紋，腹部為纏枝花草紋。外底無釉。此缸造型渾厚飽滿，黑釉光亮如漆，剔花技法嫻熟，以黃白色的地子襯托黑色花紋，對比鮮明，取得較好的裝飾效果。從其胎釉特徵看，應是金代山西瓷窯產品。

元代

1279 年，元王朝統一了中國。海外貿易的蓬勃發展，進一步刺激了陶瓷業的興盛。鈞窯、磁州窯、龍泉窯、霍縣窯等繼續燒造傳統陶瓷品種，其產品不但暢銷國內，而且遠銷國外。

西元 1278 年，即元王朝統一中國的前一年，元代朝廷即在景德鎮設立了專門燒造官府用瓷的「浮梁瓷局」，全國最優秀的製瓷工匠得以向景德鎮集中，為景德鎮製瓷業的迅速發展奠定了人力基礎。而高嶺土的發現和使用，則使景德鎮的瓷胎由單一的瓷石配方改為瓷石加高嶺土「二元配方」，成為景德鎮瓷業發展一個新的里程碑。元代景德鎮窯成功地燒造出青花、釉裡紅、卵白釉、藍釉、紅釉瓷等新品種，顯示出非凡的創造力，致使全國的製瓷重心逐漸向景德鎮轉移。其產品不但做工精細，而且燒成工藝也較成熟，其所顯示出的美學風範，既受到國內民眾喜愛，也頗得異域人士青睞，產品行銷國內外。

63
青花「滿池嬌」圖菱花口折沿盤
【元】
高7.3公分　口徑46.4公分　足徑29.8公分

◎盤內外青花裝飾。內底繪兩隻鴛鴦遊弋在蓮池中，一鴛、一鴦顧盼生情。內外壁均繪纏枝蓮紋，莖上均結有六朵盛開的蓮花。折沿上繪菱形錦紋。圈足內無釉。

◎南宋吳自牧撰《夢粱錄》卷十三「夜市」條中記載當時臨安夜市夏秋售賣的物品中有「挑紗荷花滿池嬌背心」。元代畫家柯九思（1290-1343年）《宮詞十五首》中曰：「觀蓮太液泛蘭橈，翡翠鴛鴦戲碧苕。說與小娃牢記取，御衫繡作滿池嬌。」柯氏自注云：「天曆間，御衣多為池塘小景，名曰『滿池嬌』。」由此可知，這種「池塘小景」即古代文獻中所記載織繡品上的「滿池嬌」紋樣。

64
青花海水白龍紋八棱梅瓶
【元】
高46公分　口徑6.6公分　足徑14.5公分

◎1964年河北省保定市永華路南
小學建築工地窖藏出土（河北省博
物館：〈保定市發現一批元代瓷
器〉，《文物》1965年第2期）。
◎梅瓶通體青花裝飾。肩部繪菱形綿
紋裝飾帶，下接四個均勻分佈的如意
頭形雲肩，與近底處的四個如意頭形
雲肩相對應。肩部的雲肩內繪對稱的
麒麟穿蓮花和鳳凰穿蓮花。近底處的
四個雲肩內均繪牡丹紋。腹部繪海水
龍紋，波濤洶湧的海水襯托四條騰空
而起、姿態各異的白龍。龍雙角，細
頸，長身，雙目圓睜，張口吐舌，舞
動四肢，四爪張開，兩膊生焰，異常
兇猛。龍身暗刻鱗片。胎骨厚重，
釉層凝厚，釉色青白，繪畫筆觸細
膩，青花色調深沉，凝聚不舒，給人
以生動古樸之美感。
◎當時出土了一對同樣的青花八棱梅
瓶，但瓶蓋只出土一件，配在現藏河
北省博物館的那件八棱梅瓶上。瓶蓋
亦呈八棱形，蓋內有柱狀插榫，蓋
外壁繪八個蓮瓣紋，蓋頂置寶珠形
紐。

65
釉裡紅刻花拔白兔紋玉壺春瓶
【元】
高20.5公分　口徑6.3公分　足徑6.8公分

◎瓶通體施青白釉。肩部及腹下部
各暗劃弦紋四道，上腹部暗刻一隻
野兔奔跑於花草間，小兔作回首觀
望狀，以釉裡紅點睛，形象栩栩如
生。花紋空白處隨意塗抹釉裡紅，
形成紅地白花，增強了圖案的藝術
效果。瓶內口部塗抹釉裡紅。
◎以釉裡紅拔白技法裝飾的玉壺春
瓶，除北京故宮收藏的這件之外，
還見有日本大和文華館及松岡美術
館收藏的釉裡紅拔白飛鳳紋玉壺春
瓶、英國倫敦大衛德基金會收藏的
釉裡紅拔白花卉紋玉壺春瓶等。

66
青花釉裡紅鏤雕山石花卉紋蓋罐
【元】

通高42.3公分　口徑15.2公分　足徑18.5公分

◎1964年河北省保定市永華路南小學建築工地窖藏出土（河北省博物館：〈保定市發現一批元代瓷器〉，《文物》1965年第2期）。

◎器腹四面以雙重串珠作菱形開光，開光內鏤雕洞石四季花卉，山石、花卉塗銅紅釉，葉染鈷藍色，紅藍相映生輝。罐其他部位均以青花裝飾，頸部繪纏枝菊紋，肩部繪四個如意頭雲肩，間以四折枝菊花，雲頭內為青花海水浮白蓮花紋，腹下部繪四折枝花紋，近底處為捲草紋和仰蓮瓣紋。罐附傘形蓋，蓋頂置蹲獅紐，蓋面以青花繪覆蓮瓣紋。與青花相比，高溫銅紅釉對燒成條件的要求更為嚴格，在二者共存一器的情況下，要使青花和紅釉均發色純正，難度較大，此器的燒造成功，實屬不易。此罐出土時成對，另一件現藏河北省博物館。

◎1964年河北省保定市永華路南小學建築工地窖藏出土（河北省博物館：《保定市發現一批元代瓷器》，《文物》1965年第2期）。

◎匜呈淺碗式，一側有槽行流，流下附一小圓環繫，平底。通體施鈷藍釉。內壁繪金彩流雲五朵，裡心繪金彩折枝花葉紋，圍以金彩雙線圈。無款。匜是古代盥器，多為金屬製品。瓷製匜盛行於元代，當時南北各地窯場多有燒造，尤以景德鎮窯的製品為多，有青花、釉裡紅、青白釉、藍釉等品種。各品種中以保定出土的這件藍釉描金匜最為精美，其釉面晶瑩，閃爍著藍寶石般的光澤，配上熠熠的金彩，交相輝映，光彩奪目。

67
藍釉描金匜
【元】
高4.5公分　通流長17公分　底徑8.5公分

68
藍釉白龍紋盤
【元】
高1.1公分　口徑16公分　足徑14公分

◎盤折沿，淺壁，平底。通體內外施藍釉，外底無釉。盤心坦平，在藍釉地上以白色泥料塑貼一條矯健的白龍，龍細頸，三爪，作昂首翻騰狀。這種傳世元代藍釉白花龍紋盤見諸發表的共有四件，除北京故宮博物院收藏的這一件以外，日本出光美術館、大阪市立東洋陶瓷美術館和英國倫敦大衛德基金會各收藏一件。

69
卵白釉印花「太禧」銘雲龍紋盤
【元】
高2.3公分　口徑17.8公分　足徑11.4公分

◎盤內外施釉，釉層較厚，呈失透狀，釉面瑩潤，釉色白中泛青，恰似鵝卵色澤，故名「卵白釉」。圈足內露胎無釉。

◎盤外壁刻劃變形蓮瓣紋一周，共十六瓣，蓮瓣紋尖部劃一道弦紋。盤內有陽紋印花裝飾，盤心是一龍戲珠，龍，張口露齒五爪，身體舞動，異常驕猛，襯以朵雲和火珠。盤內壁為纏枝蓮托八吉祥紋，花間對稱印有「太禧」二字。八吉

祥的順序，從「太」字往左按逆時針方向依次為「腸、螺、
輪、蓋、花、珠、魚、傘」。

◎「太禧」銘卵白釉瓷器甚為罕見，古陶瓷鑒定家孫瀛洲
先生（1893-1966年）曾撰文指出傳世僅有三件（孫瀛洲：
〈元卵白釉印花雲龍八寶盤〉，《文物》1963年第1期），
此為其中之一，彌足珍貴。

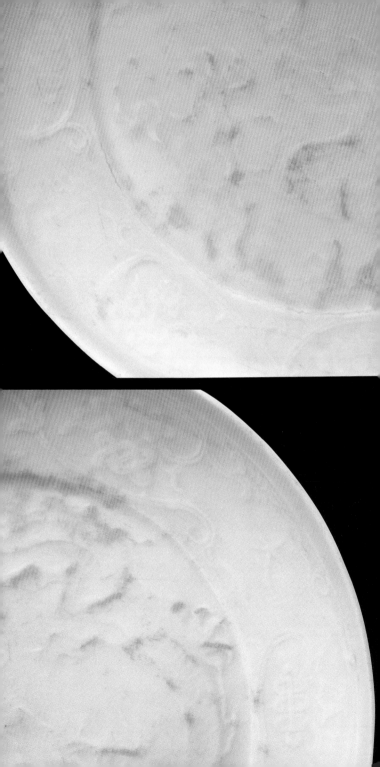

70
龍泉窯青釉執壺
【元】
高25公分　口徑4.5公分　足徑8.3公分

◎壺直口，口下漸豐，垂腹，圈足微外撇。空腹一側置彎曲長流，與流相對一側頸、腹之間置曲柄。執壺附平頂圓蓋，蓋頂置寶珠形紐。這是元代新創燒的一種執壺式樣，其形體線條流暢，收放適度，既實用又美觀。通體施青釉，釉色粉青，釉質勻淨素雅。

◎這是一件元代龍泉窯燒造的青釉瓷器，與此相同式樣的執壺在元代景德鎮青花瓷器中也有所見。

明代

明代自洪武二年（1369年）起，朝廷即在景德鎮設御器廠專門燒造宮廷用瓷，這就是俗稱的「官窯瓷器」。此後，歷朝沿襲此種制度。明代的窯業分為官窯和民窯兩種。前者專燒宮廷御用瓷，不計成本，品質精美；後者則屬商品生產，產量大，藝術風格古樸瀟灑。官窯的發展帶動了民窯的興盛，明代後期景德鎮從事陶瓷生產的工人已達十餘萬人，所謂天下至精至美之瓷器莫不出於景德鎮，景德鎮遂成為全國的製瓷中心。明代景德鎮窯瓷器可分為青花、釉裡紅、五彩、鬥彩、雜釉彩瓷和顏色釉瓷等六大類。尤其是洪武時期的釉裡紅瓷，永樂宣德時期的青花瓷、甜白釉瓷、鮮紅釉瓷、祭青釉瓷，弘治時期的嬌黃釉瓷、成化時期的鬥彩瓷、正德時期的孔雀綠釉瓷，嘉靖萬曆時期的五彩瓷、瓜皮綠釉瓷、茄皮紫釉瓷，集中體現了明代景德鎮瓷器的燒造水準。

從明代萬曆三十五年（1607年）到清代康熙二十二年（1683年），隨著農民起義的蓬勃發展，直至摧毀明王朝的統治、清朝入主中原、康熙皇帝平定吳三桂之亂和收復台灣，中國社會曾發生劇烈變革。作為全國製瓷中心的景德鎮，其瓷器製造業也經歷了一次重大轉變。主要表現在萬曆三十五年以

前，景德鎮的製瓷業是由官窯占統治地位，此後，官窯急劇衰落，民營瓷業則因國內和亞歐市場需求的刺激而漸趨興盛，躍居主導地位。以往人們曾將17世紀這一時期景德鎮的製瓷業稱為「轉變期」或「轉型期」。據文獻記載，轉型期青花瓷器使用的是國產「土青」，且以浙江出產者最佳，謂之「浙料」。由於在青料選煉方面有過重大改進，即由以往的水洗法改為煅燒法，致使這一時期的青花瓷器有一大部分發色亮麗，給人以清新雅致之美感。轉型期的五彩瓷器可分成兩大類，即青花五彩和純釉上五彩。天啟、崇禎時期，五彩瓷器不甚流行，其中有一部分是專門為適應日本市場需求而燒造的。順治至康熙中期，五彩瓷器得以復興。轉型期五彩瓷器上流行山水、花鳥、人物故事圖等，物像生動傳神。有些器物上有題寫的隸書體或楷書體詩句或唱曲。部分器物的口邊塗抹醬色釉汁，時代特徵鮮明。

符明代德化窯白瓷別具一格，尤以瓷塑大師何朝宗創作的觀音、達摩等宗教人物塑像最負盛名。江蘇宜興窯和廣東石灣窯則燒造仿鈞釉陶器，宜興窯還燒造紫砂陶器，尤以紫砂茶具聞名，出現了以時大彬為代表的眾多設計製作紫砂茶具的高手。

◎執壺腹部一側置彎曲長流，流與頸之間連以雲形板片，以起到加固流的作用。壺身與流相對的一側連於頸、腹之間的曲柄。通體青花裝飾：口沿處繪回紋。頸部繪四層紋飾，自上而下依次為蕉葉紋、回紋、纏枝靈芝紋、如意頭紋。腹部繪疏朗的菊花和山茶花紋。近足處繪仰蓮瓣紋。圈足外牆繪捲草紋。流及柄上分別繪纏枝蓮紋及捲草紋。附傘形蓋，蓋面繪如意頭紋及折枝花紋。

◎此種執壺是洪武瓷器中的常見式樣，由於它是在玉壺春瓶的基礎上添加流、柄而成，因此亦稱「玉壺春式執壺」。

71
青花折枝菊紋執壺
【明洪武】
通高37.8公分　口徑7.7公分　足徑11.7公分

◎通體以釉下銅紅彩描繪紋飾。內口沿繪捲草紋。外壁頸部自上而下依次繪仰蕉葉、海水、捲枝紋。腹部繪松、竹、梅紋，襯以洞石、芭蕉及芝草等。近足處繪仰蓮瓣紋，足邊繪捲枝紋。松、竹、梅被喻為歲寒三友，松樹的高潔、翠竹的挺拔、梅花的傲骨，被人們視作良將賢才應有的操守，是歷代文人、畫家樂於讚頌的傳統題材。此器不但造型優美，而且圖案寫實感強，用筆灑脫，物象顯得靜中有動，體現出較高的繪畫水準。

72
釉裡紅松竹梅紋玉壺春瓶
【明洪武】
高33公分　口徑8.8公分　足徑11.3公分

73
釉裡紅四季花卉紋石榴尊
【明洪武】

通高53公分　口徑26.5公分　足徑23.2公分

◎尊呈石榴形，故稱「石榴尊」。通體作十二道瓜棱，以釉裡紅裝飾。口沿下繪回紋，頸部繪如意頭紋。肩部繪兩層紋飾：上為仰蓮瓣紋，蓮瓣內繪折枝蓮花紋；下為朵雲紋。腹部兩層紋飾：上為連續的如意頭雲紋，雲頭內繪折枝蓮花紋；下為四季花卉十二組，均配以湖石。腹下部繪仰蓮瓣紋，蓮瓣內繪朵花紋。近足處繪兩層紋飾：上為回紋；下為覆蓮瓣紋，蓮瓣內繪折枝蓮紋。足邊繪捲草紋。外底無釉，無款。附荷葉形蓋，蓋頂置寶珠形紐，蓋頂繪有如意頭雲紋、蓮瓣紋、折枝花紋及捲草紋等。

74

釉裡紅拔白纏枝花紋碗

【明洪武】

高16.7公分　口徑42公分　足徑22.7公分

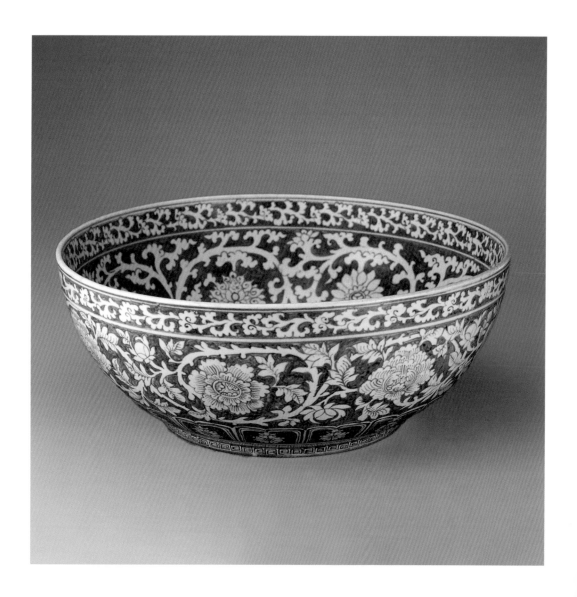

◎碗通體釉裡紅地拔白裝飾。碗心一周回紋內飾折枝牡丹紋，內壁飾纏枝花卉紋。口沿內外飾忍冬紋，外壁飾纏枝牡丹紋。近足處變形蓮瓣內繪朵花紋。足牆飾回紋。

◎此碗造型碩大，圖案繪畫技法嫻熟，採用以釉裡紅作地、圖案留白的所謂拔白技法裝飾，使人耳目一新，取得與一般釉裡紅瓷器不同的裝飾效果。

75

青花纏枝蓮紋壓手杯

【明永樂】

高5.1公分　口徑9.1公分　足徑3.95公分

◎談及明代永樂時期的青花瓷器，最受人稱道的可謂青花
纏枝蓮紋壓手杯，它是迄今為止所見傳世和出土永樂官窯
青花瓷器中，唯一署有年款的器物，而且能與明代文獻記
載相互印證。明末谷泰撰《博物要覽》曰：「若我永樂年
造壓手杯，坦口折腰，砂足滑底，中心畫有雙獅滾球，

球內篆書『大明永樂年製』六字或四字，細若粒米，此為上
品。鴛鴦心者次之，花心者又其次也。杯外青花深翠，式樣
精妙，傳世可久，價亦甚高」。

◎這種撇口深腹小碗之所以被稱為「壓手杯」，是因為其大
小適中，且口沿處胎體較薄，順口沿而下，胎骨漸厚。執之
手中，微微外撇的口沿與舒張的虎口相吻合，使人感到沉甸
甸的，故名壓手杯。永樂青花壓手杯是見於明代文獻記載的
瓷中名品，歷史上不斷有仿品出現，明代萬曆、清代康熙、
民國及二十世紀八十年代以來，都曾仿燒過。永樂青花壓手
杯的重要意義，在於它使我們明確了永樂官窯瓷器開創了
明、清官窯瓷器上以青花料書寫帝王年號款之先河。

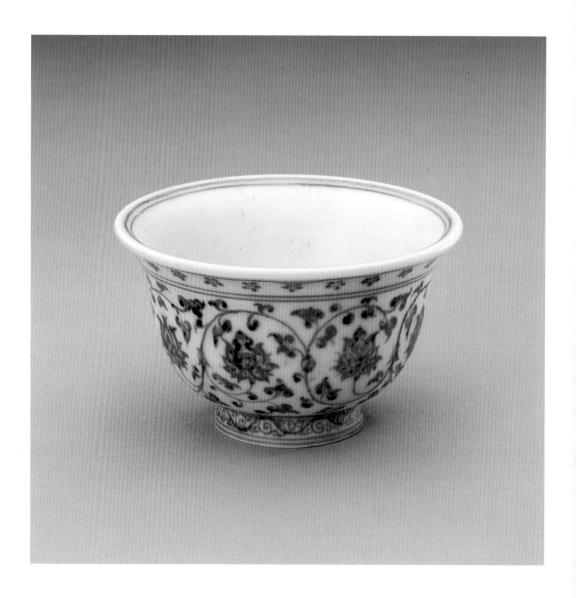

76

青花纏枝花紋背壺

【明永樂】

高54公分　口徑6.5公分　腹徑34公分

◎壺呈俯臥的龜狀。唇口、短頸，頸上部凸起弦紋一道，弦紋下置一圓環小繫。肩部對稱置圓環形繫，繫上原有穿環，但環已脫落佚失。壺背面素胎坦平，中心凹入一圈；正面隆起，中心呈臍狀凸起。通體施青白色釉，釉下青花裝飾，青花發色濃豔，泛有鐵銹斑點。正面中心凸臍上以海水為地繪八角錦紋，八角星中心繪折枝蓮紋，八個角內繪花葉紋。凸臍周圍繪纏枝蓮紋，外環以海水紋。壺之側壁亦繪纏枝蓮

紋。壺頸弦紋上、下分別繪纏枝花及海水紋。葉蔓清秀，運筆流暢，花大而葉小，葉呈纖細鋸齒狀。

◎此壺造型別緻，是模仿西亞金屬器皿而創燒的新器形。所繪圖案亦具西亞風格，特別是纏枝蓮的葉子，畫成舒展的鋸齒狀，與我國傳統的畫法不同。

◎盤折沿，通體呈十六瓣菱花式，圈足，細砂底，無款識。露胎處泛火石紅色。內、外青花裝飾。內底繪一隻棲於枇杷枝上的綬帶鳥正回首欲啄枇杷果。內壁繪石榴、桃實、荔枝、枇杷等折枝花果，沿面繪纏枝蓮花，外口沿下繪海水江崖紋，外壁繪折枝菊花紋。

◎從目前所掌握的資料來看，這種永樂青花枇杷綬帶鳥紋大盤傳世共有三件，除了北京故宮博物院收藏的這一件以外，天津博物館和日本大阪市立東洋陶瓷美術館還各收藏一件，其中以北京故宮收藏的這件最為精美。

77
青花枇杷綬帶鳥紋菱花口折沿盤
【明永樂】
高9.2公分　口徑51.2公分　足徑34.5公分

78
青花描金彩纏枝苜蓿花紋碗

【明永樂】

高6.4公分　口徑14.9公分　足徑5.4公分

◎碗通體青花加金彩裝飾。內底繪荷蓮紋，內壁以金彩描繪纏枝花卉紋，內口沿下繪菱形花卉。外口沿下繪曲線紋，外壁腹部繪纏枝苜蓿花紋。圈足內施白釉。無款識。

◎青花金彩瓷器始燒於明代永樂年間。先以青花畫出紋樣燒成後，施以金彩，再於低溫炭爐中焙燒而成，從而呈現金碧輝煌的裝飾效果。

79
甜白釉劃花纏枝蓮紋梅瓶
【明永樂】
高24.8公分　口徑4.5公分　足徑10公分

◎梅瓶通體施甜白釉，外壁釉下自上而下暗劃三組紋飾，依次為捲草紋、纏枝蓮花紋、折枝花卉紋，以弦紋間隔。

◎此梅瓶保持了宋代梅瓶器身修長挺拔的特點，適當壓縮了瓶身的高度，放寬了肩部和足部，使各部位比例更趨諧調。永樂時期甜白釉瓷器的產量很大，據1989年景德鎮明代御器廠遺址發掘資料顯示，在永樂前期地層出土瓷器中甜白釉瓷器占98%以上。

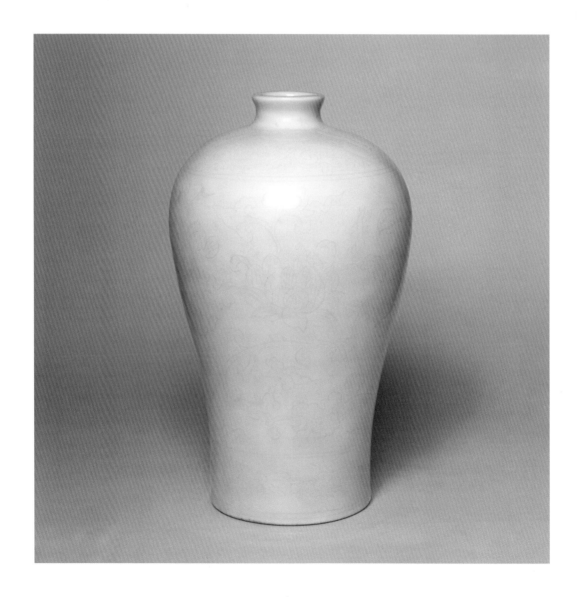

80
鮮紅釉高足碗
【明永樂】
高9.9公分　口徑15.8公分　足徑4.2公分

◎碗外壁施鮮紅釉，碗內及足內施青白色釉。碗內模印雲龍紋。內底心暗劃「永樂年製」四字雙行篆書款。

◎此碗造型秀美，鮮紅釉純淨無瑕，亮麗勻淨，為北京故宮博物院收藏的唯一帶有永樂官窯年款的永樂鮮紅釉瓷器，故彌足珍貴。

81
翠青釉三繫蓋罐

【明永樂】

高10.4公分　口徑9.9公分　足徑14.1公分

◎罐肩部等距離塑貼三個海棠花形托，托上均有一個圓環形小繫。附糖鑼形蓋，蓋面隆起。無款。罐裡及圈足內均施青白釉，外施翠青釉。翠青釉係永樂官窯創燒的一種著名高溫釉。永樂翠青釉瓷器常見器形有蓋罐和高足碗等，均胎體厚薄適度，器足處理規整，通體翠青釉素裡，不加任何裝飾，時代特徵鮮明。

82

青花籃查體梵文出戟蓋罐

【明宣德】
高28.7公分　口徑19.1公分　蓋口徑22公分
底徑24.7公分24.7厘米

◎此罐造型奇特，為歷代陶瓷罐類所僅有。肩部平出八個方形板戟。俯視罐上這八個板戟，頗似佛教用器中的法輪。通體內外青花裝飾。內外壁及肩上均繪海水紋，八個板戟上均繪折枝蓮紋。腹部有三周環寫的藍查體梵文，中間一周梵文密佈，上、下又各有八個梵文，上八個梵文之間繪折枝蓮托八吉祥紋，下八個梵文之間繪折枝蓮紋。足際繪一周仰蓮瓣紋。罐內底中心，自左向右橫書「大德吉祥場」五個篆字，這與古代自右向左的書寫習慣不同。五個篆字外環以九個蓮花瓣紋，九個蓮瓣中各書一藍查體梵文。附直邊平頂圓蓋，蓋面中心下塌。蓋面中心書一藍查體梵文，四周環以四個藍查體梵

文，字間以三角形雲朵相隔。蓋之直壁上繪海水紋。蓋裡所繪紋飾與罐內底相同。青花發色穩定，色澤鮮豔明快。

◎藍查體梵文是密宗信奉的印度佛教文字，罐上所飾藍查體梵文為密咒真言，是代表佛或菩薩的種子字，密宗信徒認為在哪裡書寫這類種子字，哪裡就有種子字代表的佛、菩薩保佑，接觸寫有這些種子字的器物，就會消災避難，吉祥如意。此器歷來深藏宮中，外人不得見之。值得一提的是，清代乾隆皇帝博雅好古，北京故宮博物院藏有乾隆時宮廷畫家姚文瀚畫的《弘曆鑒古圖》，圖中乾隆皇帝身著古裝，坐榻周圍置古玩，此罐高高地陳設在方幾之上，頗為突出，說明深得乾隆皇帝的賞識。

83

青花海水白龍紋扁壺

【明宣德】
高45.4公分　口徑7.8公分　足橫14.5公分
足縱10公分

◎壺外壁通體青花裝飾，近口沿處繪捲枝紋，頸部繪纏枝蓮紋，腹部為青花海水地留白龍紋。此種扁壺係模仿西亞金屬製品燒造而成，造型新穎。以進口「蘇麻離青」料繪畫，圖案呈色濃豔，具有水墨畫般洇散效果。特別是兩條白龍，形象生動，兇猛異常，顯示出畫匠高超的繪畫技藝。

84
釉裡紅三魚紋高足碗
【明宣德】
高8.8公分　口徑9.9公分　足徑4.4公分

◎碗通體施白釉，釉面泛桔皮紋。碗外壁裝飾三條鮮紅色的魚，紅白相映，典雅清麗。內底青花雙圈內署青花楷體「大明宣德年製」六字雙行款。

◎這是一種將鮮紅釉裝飾於白瓷局部的瓷器，係宣德官窯首創。此種裝飾三魚者，清代乾隆年間唐衡銓撰《唐氏肆考》稱之「魚形自骨內燒出，凸起寶光」。

85
鮮紅釉葵花式洗
【明宣德】
高3.8公分　口徑15.9公分　足徑13公分

◎洗通體作十瓣葵花式，內外施鮮紅釉，釉面勻淨，釉色鮮豔。口沿與腹壁花瓣出筋處因高溫燒成時，釉層熔融垂流，露出潔白的胎色，與器身的紅釉形成鮮明對比，相映成趣。圈足內施白釉。無款。

藝術家雜誌社　收

100　台北市重慶南路一段147號6樓

6F, No.147, Sec.1, Chung-Ching S. Rd., Taipei, Taiwan, R.O.C.

姓　　名：　　　　　　　　　性別：男□ 女□ 年齡：

現在地址：

永久地址：

電　　話：日／　　　　　　手機／

E-Mail：

在　　學：□ 學歷：　　　　　　職業：

您是藝術家雜誌：□今訂戶　□曾經訂戶　□零購者　□非讀者

客戶服務專線：**(02)23886715**　E-Mail：**art.books@msa.hinet.net**

◎盤內外均施祭藍釉，內底及外壁均以白泥描繪魚戲荷蓮圖案。圈足內施青白釉。外底署青花楷體「大明宣德年製」六字雙行款，外圍青花雙圈。

◎藍釉白花瓷器是元代景德鎮窯的創新品種，其藍白對比分明，具有較好的裝飾效果。明代宣德時的景德鎮窯將這一裝飾品種加以發展，圖案刻畫更加細膩，造型品種及裝飾題材亦大為增多，造型有盤、碗、尊等，裝飾題材有龍、魚蓮、萱草、折枝花果、纏枝花等。

86
祭藍釉白花魚蓮紋盤
【明宣德】
高4公分　口徑19.2公分　足徑12.7公分

◎罐口、底徑度相若，外壁施天青色仿汝釉，釉面瑩潤，開細碎紋片。外底署青花楷體「大明宣德年製」六字雙行款，外圍青花雙圈。

◎明代景德鎮御器廠曾仿燒宋代汝、官、哥、鈞釉瓷器，仿汝釉瓷器僅見於宣德朝，見有雞心碗、盉碗、菱花式洗、蟋蟀罐等。釉呈淡天青色，釉面泛桔皮紋，並開有細小片紋。外底多署本朝年款。

87
仿汝釉蟋蟀罐
【明宣德】
高11.2公分　口徑13.6公分　足徑13公分

◎碗內外及圈足內均施青灰色仿哥釉，釉層肥厚，釉面佈滿開片紋。外底署青花楷體「大明宣德年製」六字雙行款，外圍青花雙圈。

◎迄今所見明代仿哥釉瓷器最早為宣德時景德鎮官窯製品，造型有菊瓣碗、雞心碗、菊瓣盤、折沿盤、撇口盤等，多署本朝年款。其釉面光潔度偏低，有油膩感，與宋代哥窯器的釉面相似。

88
仿哥釉菊瓣碗
【明宣德】
高7.3公分　口徑18.7公分　足徑6.9公分

89
醬釉盤
【明宣德】
高3.6公分 口徑15公分 足徑9.5公分

◎盤內外施芝麻醬色釉，圈足內施白釉，外底暗劃楷體「大明宣德年製」六字雙行款，外圍雙圈。

◎醬釉是一種以氧化鐵為著色劑的高溫釉，因以含鐵量較高的紫金土配釉，故亦稱紫金釉，早在宋代，我國北方的許多瓷窯已開始燒造醬釉瓷，其中以定窯產品最為著名，俗稱紫定。明代宣德時景德鎮官窯燒造的醬釉瓷，造型規整，色澤溫潤純正，釉面肥厚並泛橘皮紋，常見器形有撇口碗、撇口盤、收口盤和瓜式執壺等。

90
青花松竹梅紋罐
【明正統】
高33公分　口徑17.5公分　足徑17.5公分

◎罐造型端莊飽滿，通體青花裝飾。頸部繪忍冬紋，肩部繪纏枝牡丹紋，腹部繪月映松竹梅「歲寒三友」，近足處繪變形蓮瓣紋。外底素胎無釉，無款識。因正統一朝上承宣德，所以該朝的青花瓷器無論是造型還是圖案紋飾，既帶有宣德青花瓷器的遺風，又獨具本朝特點。但製作工藝明顯比宣德青花瓷器顯得粗糙。

91
青花八仙慶壽圖罐
【明景泰】
高35.3公分　口徑21.5公分　足徑20公分

◎罐通體青花裝飾。頸部繪菱形錦紋。肩部繪雲鶴間以雜寶紋。腹部繪八仙慶壽圖，輔以大面積雲紋。近足處繪海水江崖紋。青花發色藍中偏灰，釉面白中泛青並有明顯的開片紋。足底素胎無釉，無款識。

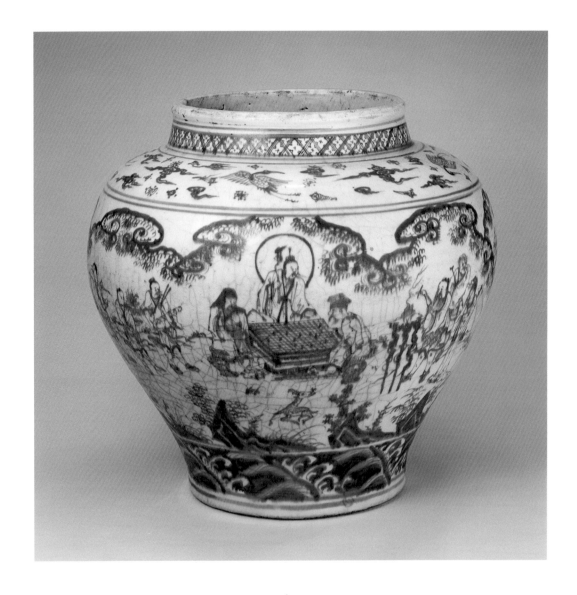

92
青花攜琴訪友圖梅瓶
【明天順】
高32.5公分　口徑5.4公分　足徑10.5公分

◎梅瓶通體青花裝飾。肩部繪海水、海馬紋，腹部繪攜琴訪友圖，近足處繪海水紋。

◎天順青花瓷器所繪人物，多逆風而行，冠帶、衣衫飄揚，神情飄逸；足前是疾風下的勁草，背後是雲氣掩映的崇山峻嶺。所繪雲紋，筆觸豪放，呈靈芝形，並有層層的小圈密佈於雲氣的一側。這種特殊的雲氣紋，既與明代初期的疏簡風格不同，又與成化以後的圓柔氣質有別。

93
青花麒麟紋盤
【明成化】
高6.5公分　口徑34.5公分　足徑22公分

◎盤內外青花裝飾。盤內近口沿處畫有青花弦線兩道，內底青花雙線圈內繪兩隻奔騰追逐的麒麟，輔之以朵雲紋。盤外壁繪首尾相逐的麒麟，間以朵雲紋。外壁近口沿處自右向左署青花楷體「大明成化年製」六字橫排款。圈足內素胎無釉，有褐色斑點，俗稱「糊米底」。

94
鬥彩雞缸杯

【明成化】

高3.4公分　口徑8.3公分　足徑4.3公分

◎雞缸杯是明代成化鬥彩瓷器中的名品，因杯似缸形，外繪子母雞而得名。屬於御用酒具。其胎體輕薄如紙，釉質瑩縝如玉。杯內光素無紋飾，外壁以鬥彩技法裝飾雞群兩組。雞群周圍，洞石清秀，蘭草幽菁，月季吐豔，一派春意盎然景象。圖案設色以淡雅的釉下鈷藍配以釉上紅、黃、綠、紫等彩，給人以鮮麗嬌柔之美感。杯之外底署青花楷體「大明成化年製」六字雙行款，外圍青花雙方框。

95
鬥彩海水雲龍紋「天」字蓋罐
【明成化】
通高13.1公分　口徑8.7公分　足徑11.2公分

◎罐通體鬥彩裝飾。主題紋飾為腹部的海水雲龍紋，雙龍填黃彩，朵雲及海水施綠彩，所繪波濤係先在釉下以青料勾繪線條，再於釉上覆蓋一層綠彩而成，此種施彩技法被稱作「覆彩」。肩部及近足處以青花料分別勾繪覆、仰蓮瓣紋，再覆蓋一層礬紅彩。足邊塗黃彩。外底署青花楷體「天」字款。

◎此罐原有之蓋已佚，現所附之蓋係清代雍正、乾隆年間唐英督理景德鎮御窯廠時奉旨所配。

96
鬥彩嬰戲圖杯
【明成化】
高4.8公分　口徑6公分　足徑2.7公分

◎杯呈蓮子式。杯內近口沿處畫青花弦線一道，外壁鬥彩嬰戲圖裝飾。畫面可分成兩組，一組為兩小童放風箏。天空彩雲飄浮，一小童雙手拽線牽引風箏，另一小童在旁邊觀看。另一組為三小童在作鬥草遊戲。圖案隙地輔以棕櫚、芭蕉、山石、花草等紋飾。整個畫面給人以春意盎然之美感，堪稱一幅絕好的庭院戲嬰圖。畫面所用色彩除了釉下青花以外，所使用的釉上彩有紅、綠、淡紫等。外底署青花楷體「大明成化年製」六字雙行款，外圍青花雙方框。

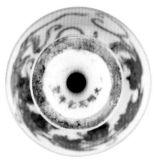

97
鬥彩葡萄紋高足杯
【明成化】
高6.8公分　口徑8公分　足徑3.5公分

◎杯外壁以鬥彩折枝葡萄紋裝飾，口部與高足大面積露白，使紋飾更顯突出。此種式樣的高足杯屬於明代成化官窯首創，明代人稱之為「五彩葡萄撇口扁肚把杯」。在其出現之前，人們一直以為明代宣德官窯高足杯式樣最美，此杯問世後，更受世人喜愛。明末谷泰撰《博物要覽》曰：「成窯上品無過五彩葡萄撇口扁肚把杯，式較宣杯妙甚。」

◎罐內外施白釉。外壁純釉上五彩裝飾。肩部繪覆蕉葉紋，肩以下繪纏枝牡丹紋。圈足內施白釉，無款識。成化時期盛行鬥彩瓷器，五彩瓷器少有燒造，目前所見此種傳世五彩纏枝牡丹紋罐僅有兩件（另一件現藏英國倫敦大衛德基金會），故彌足珍貴。

98
五彩纏枝牡丹紋罐
【明成化】
高10.8公分　口徑9.9公分　足徑12.7公分

◎杯胎體較厚，通體內外及足內均施青灰色仿哥釉，釉層肥腴，平整光亮，開有大小兩種片紋，大片紋呈黑灰色，小片紋呈黃色。口沿塗醬黃色釉汁，足底邊塗醬紫色釉汁。足內沿以青花料順時針書寫楷體「大明成化年製」六字款。

◎這件仿哥釉八方高足杯較好地模仿了宋代哥窯瓷器的「金絲鐵線」和「紫口鐵足」特徵，只是釉面光澤度稍強，缺乏宋代哥窯瓷器「潤澤如酥」之美感。口、足顏色亦係人為塗抹醬釉所致，與自然天成之趣不同。

99
仿哥釉八方高足杯
【明成化】
高9.7公分　口徑8公分　足徑3.9公分

◎盤通體內外黃地青花裝飾。其作法是：先入窯經高溫燒造成青花折枝花果紋盤，然後通體施黃釉，將有圖案處的黃釉剔掉，再入窯經低溫焙燒而成。盤內底繪折枝梔子花，內壁繪石榴、柿子、葡萄、蓮實紋，外壁繪纏枝花紋。圈足內施白釉。外底署青花楷體「大明弘治年製」六字雙行款，外圍青花雙圈。

◎青花瓷器一般為白地襯托青花，黃地青花始燒於宣德時期，這種黃地青花折枝花果紋盤在宣德、成化、弘治、正德、嘉靖各朝均有燒造，以成化、弘治朝產品最為秀美。

100
黃地青花折枝花果紋盤
【明弘治】
高4.2公分　口徑26.2公分　足徑16.5公分

101
白地刻花海水綠彩雲龍紋碗
【明弘治】
高8.2公分　口徑18.7公分　足徑7.6公分

◎碗內外及圈足內均施白釉。內底及外壁均以暗花海水綠彩雲龍紋裝飾。其做法是：先在已成型胎體上刻劃海水紋飾，施透明釉後，在暗刻花紋以外的空白處畫出龍的輪廓，將龍身上的釉層剔掉，並在露出的胎上刻劃龍嘴、發、鱗等細部，入窯經高溫焙燒後，再在露胎處填綠彩，然後入彩爐經低溫焙燒而成。內底、口沿及足牆均畫綠彩弦線。外底署青花楷體「大明弘治年製」六字雙行款，外圍青花雙圈。
◎白釉綠彩瓷器始燒於明代永樂時期，成化、弘治、正德、嘉靖、萬曆時期均有燒造。

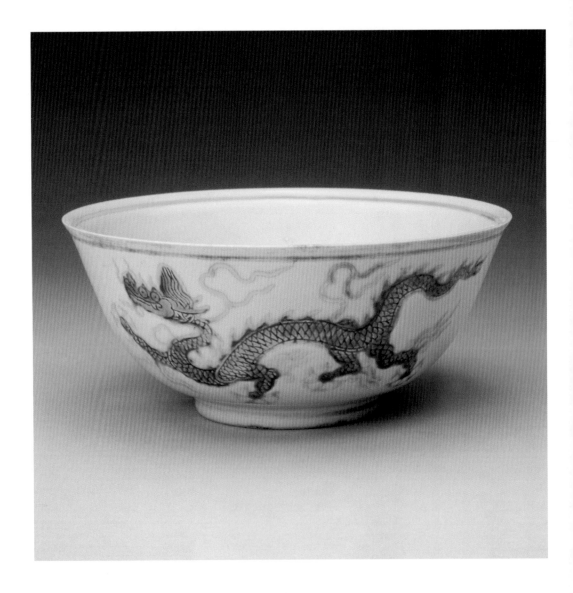

102
白地醬彩花果紋盤
【明弘治】　清宮舊藏
高5公分　口徑26公分　足徑16公分

◎盤內外施白釉並以醬彩裝飾。內底繪折枝花紋，內壁繪折枝花果紋，外壁繪折枝花紋。所有圖案均先暗刻線條。內底、口沿及足牆上均畫有醬彩弦線。圈足內施白釉。外底署青花楷體「大明弘治年製」六字雙行款，外圍青花雙圈。

◎此盤在暗刻的花紋上施以醬彩，與潔白的釉色相互映襯，取得較好的裝飾效果。其造型、紋飾等均係延續宣德、成化白地醬彩折枝花果紋盤。

103
黃釉描金獸耳罐
【明弘治】
高32公分　口徑19公分　足徑17.5公分

◎罐廣口，短頸，溜肩，腹部上豐下斂，平底。肩兩側置牛頭形耳。罐內施白釉，外施黃釉。外壁自上而下飾金彩弦紋九道。外底素胎無釉，無款。

◎明代黃釉瓷器除用作御用餐具外，據文獻記載還被用作方丘（地壇）的祭祀用器。《大明會典》（卷二零一）載：「嘉靖九年定四郊各陵瓷器：圜丘青色，方丘黃色，日壇赤色，月壇白色。行江西饒州府如式燒解。」

104

青花嬰戲圖碗

【明正德】

高13公分　口徑22.1公分　足徑7.5公分

◎碗內近口沿處畫青花雙弦線。外壁通體青花裝飾，描繪以遠山、荷塘為背景的庭院嬰戲圖，二十個小童姿態各異，在玩各種遊戲。空間襯以祥雲、山石、松、竹、柳樹、欄杆等。圈足外牆繪回紋。圈足內施白釉，無款識。

◎之所以將這樣一件不署官窯年款的青花碗的年代定為正德，是因為此碗的造型、釉色、紋飾、青花發色等特徵與署有正德官窯年款的青花瓷器風格一致。通過梳理、排比明代署官窯年款的瓷器，再將不署款的瓷器與之比較，進而確定不署年款瓷器的年代和真偽，這種方法是科學的。

105
白釉礬紅彩阿拉伯文波斯文盤
【明正德】
高3.9公分　口徑17.9公分　足徑11.9公分

◎盤內外及圈足內均施白釉。內外均以礬紅彩書寫阿拉伯文，外底以礬紅彩書寫阿拉伯文、波斯文。盤內底四周四個阿拉伯文釋義為「清高尊大的真主說」。內底中心的阿拉伯文摘自《可蘭經》，釋義為「你不要把手完全伸開，以免你變成悔恨的受責備者」。盤外壁的阿拉伯文釋義為「清高尊大的真主說，誰做了塵埃大的好事，（或者）誰做了塵埃大的壞事，他（真主）都會看到，這就是行好的人的報答」。外底三行文字中，中間一行為阿拉伯文，上下兩行為波斯

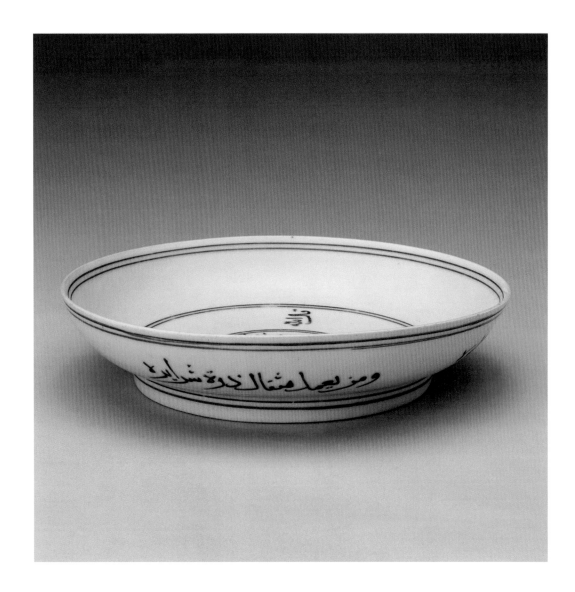

文，連起來釋義為「迪麥尼可汗即阿曼蘇來曼沙」。

◎明正德時期伊斯蘭教盛行，受其影響，官窯瓷器上流行以阿拉伯文、波斯文裝飾，內容多摘自《可蘭經》，成為該朝瓷器的時代特徵之一。這件瓷器有可能是阿拉伯地區某部族或國家所訂燒的（李毅華：〈兩件正德阿拉伯文波斯文瓷器——兼談伊斯蘭文化的影響〉，《故宮博物院院刊》1984年第3期）。

106
黃地綠彩雲龍紋尊

【明正德】
高11.2公分　口徑14.6公分　足徑8.4公分

◎尊撇口，圓腹，圈足。內施白釉，外黃地綠彩繪雲龍紋裝飾，近底處繪蓮瓣紋。圈足內施白釉。外底署青花楷體「正德年製」四字雙行款，外圍青花雙圈。

◎黃地綠彩瓷器始燒於明代永樂官窯，以後各朝多有燒造，但以正德官窯製品受到的評價最高。

107
素三彩海蟾紋三足洗
【明正德】
高10.8公分　口徑23.7公分　足徑17.8公分

◎洗口內斂，平底，下承以三個如意頭式足。洗內施青白釉。外壁刻劃十六隻蟾蜍在海水中嬉遊，紋飾構圖簡練。以黃彩繪蟾蜍，綠彩繪海水，白彩繪浪花，紫彩塗口、足，色彩和諧分明，清爽悅目。口沿下刻劃楷體「正德年製」四字橫排款，署款處塗黃彩。

108

素三彩折枝蔓草紋水仙盆

【明正德】

高7.7公分　口橫24.5公分
口縱15.2公分　足橫23.5公分　足縱14.5公分

◎盆呈長方形，四面體底部略斜收，下承以六足。通體素三彩裝飾。用黃、綠、紫設色，外壁紫地折枝蔓草紋裝飾。口沿下署紫彩楷體「正德年製」四字橫排款，外圍紫彩長方欄。

◎素三彩瓷器始燒於明代成化時期，正德、嘉靖、萬曆、崇禎各朝均有燒造，其中以正德官窯製品受到的評價最高。

109
孔雀綠釉碗
【明正德】
高6.6公分　口徑16.2公分　足徑6.5公分

◎碗內及圈足內均施青白色釉，外壁施孔雀綠釉，近足處暗劃仰蓮瓣紋。此碗雖不署款識，但其典型的正德宮碗式造型和器足內施淡青白釉的特徵表明其為正德官窯瓷器。

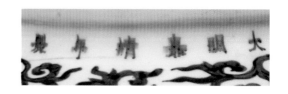

◎罐外壁通體青花裝飾。肩部繪纏枝蓮紋，腹部繪海水雲龍，間以靈芝托「壽」字。近底處繪勾雲紋。附傘形蓋，蓋頂置寶珠形紐，蓋面繪雲龍紋，間以「壽」字。罐頸部自右向左署青花楷體「大明嘉靖年製」六字橫排款。

◎據文獻記載，嘉靖青花瓷所用青料係進口「回青」與國產「石子青」按照一定比例配合而成的混合料，燒成後，青花發色濃豔，微泛紫紅色，時代特徵鮮明。

110
青花「壽」字雲龍紋罐
【明嘉靖】
高54.2公分　口徑25.2公分　足徑30公分

111
紅地黃彩纏枝蓮紋葫蘆瓶
【明嘉靖】
高45.1厘米　口徑5厘米　足徑13.4厘米

◎瓶呈兩節葫蘆形，圈足。通體暗劃花紋加紅地黃彩裝飾。自上而下六道弦紋把紋飾分為五層。口部為四支折枝靈芝紋，瓶的上腹部及束腰處均有纏枝蓮紋，其上各結四朵蓮花。腰下有朵梅紋一周。瓶的下腹部亦為纏枝蓮紋，上結蓮花六朵。外底署青花楷體「大明嘉靖年製」六字雙行款，外圍青花雙圈。紅地黃彩係在黃釉上加施礬紅彩而成，故亦稱「黃上紅」，與「皇上洪」諧音，有人認為是取「祝福皇上洪福齊天」之意。

112
五彩雲鶴紋罐

【明嘉靖】

高19.3公分　口徑13.2公分　足徑11公分

◎罐外壁通體青花五彩裝飾。頸部繪如意頭紋，肩部繪變形覆蓮瓣紋，腹部繪雲鶴紋間以折枝花、雜寶紋，近足處繪變形仰蓮瓣紋。外底署青花楷體「大明嘉靖年製」六字雙行款，款外無邊欄。此罐釉下青花發色藍中微泛紫紅，釉上彩料有紅、黃、綠、紫、黑等，色彩搭配協調，給人以繽紛華麗的視覺感受。由於明世宗嘉靖皇帝崇信道教，致使當時瓷器畫面流行使用雲鶴、瓔珞、桃樹、八仙、八卦等與道教有關的裝飾題材，形成時代風格。此罐即是一件反映嘉靖皇帝信仰道教的典型作品。

113
白釉塑貼紅蟠螭紋蒜頭瓶
【明嘉靖】
高30公分　口徑3.6公分　足徑10公分

◎瓶肩、頸處塑貼蟠螭紋，螭首昂
起，口銜靈芝。整個器物僅在蟠螭
身上塗抹高溫銅紅釉，釉色燦若紅
寶石，在純淨無雜的白釉襯托下，
異常醒目。明代嘉靖時期，鮮紅釉
瓷器的燒造技術已瀕於失傳，鮮紅
土亦告斷絕，有關官吏不得不請求
改燒礬紅。傳世嘉靖鮮紅釉瓷器只
見有少數筆山、香爐等。此器僅在
局部使用鮮紅釉，可謂惜紅如金，
而且就目前所掌握的資料來看，這
是一件孤品。
◎此瓶流傳到清代雍正時期曾深得
雍正皇帝的賞識，在故宮博物院收
藏的清代宮廷畫家所繪設色絹本
《雍正帝行樂圖》中，有一幅雍正
帝坐在火盆前專心致志讀書，旁邊
的多寶閣中即陳設有此器。在故宮
博物院藏清代宮廷畫家繪《胤妃行
樂圖》（軸）一套十二幅之第十二
幅中，一妃子斜倚方桌站立，桌上
擺放圍棋、摺扇，還有這件蒜頭
瓶，瓶內插有鮮花。

114
五彩龍穿蓮池紋繡墩

【明嘉靖】

高36.9公分　面徑24公分　底徑24公分

◎繡墩呈鼓式，中空，面微隆起。內素胎。外青花五彩裝飾。墩面繪一正面龍騰躍於蓮花水池之上。外壁中間主題紋飾為二龍穿行於蓮花水池中，上下各凸起鼓釘紋一周，鼓釘與墩面之間和底足之間均繪回紋。

◎繡墩又稱坐墩、涼墩，盛行於明清兩代，見有木質、石質、瓷質等。瓷質見有青花、素三彩、鬥彩、粉彩等。

115
青花團龍紋提樑壺
【明隆慶】
高30公分　口徑10.5公分　足徑15.3公分

◎壺腹一側置彎流，肩上架起提樑。通體青花裝飾。頸部繪「壬」字形朵雲紋。肩部繪二行龍襯以「壬」字形朵雲紋。主體紋飾是腹部的五組團龍紋，間以折枝靈芝托雜寶紋。近足處繪仰蓮瓣紋。附傘形蓋，蓋頂置寶珠形紐，紐上繪變形蓮瓣紋，蓋頂繪二行龍襯以朵雲紋，蓋邊繪朵雲紋。曲流及提樑上繪纏枝花卉紋。外底署青花楷體「大明隆慶年造」六字雙行款，外圍青花雙圈。

◎由於隆慶朝歷時只有短短的六年，故傳世隆慶官窯青花瓷器的數量不多，其裝飾題材除團龍紋外，還見有團鶴、團螭、團鳳、團花、山石、魚藻、花鳥等。這件青花團龍紋提樑壺是目前大陸所存的一件珍品。另一件同樣的作品現藏台北故宮博物院。

116
青花龍穿花紋梅瓶
【明萬曆】
高72公分　口徑10.4公分　足徑19.3公分

◎梅瓶通體青花裝飾。肩部繪變形覆蓮瓣紋。腹部繪龍穿纏枝蓮花紋，近底處繪變形仰蓮瓣紋。肩部自右向左署青花楷體「大明萬曆年製」六字橫排款。

◎萬曆時官窯青花瓷器的燒造有兩個顯著特點：一是器形之豐富居明代各朝之冠，特別是異型器比以前明顯增多；二是製作大型器物之風頗為盛行，傳世品中諸如大梅瓶、大罐、大盤等屢見不鮮。異型器和大件器物對成型、燒成工藝的要求都很嚴格，稍有不慎就會產生變形、開裂等缺陷。這件青花梅瓶不但形體高大，而且形體規整，青花發色純正，其成功燒造實屬不易。

117
五彩鏤空雲鳳紋瓶
【明萬曆】
高49.5公分　口徑15公分　足徑17.2公分

◎瓶頸兩側置獅面耳，瓶內有瓷質內膽。外壁通體五彩鏤空裝飾。口部透雕如意頭紋，頸上部繪雙重仰蕉葉紋，小蕉葉的尖相間地頂著透雕的朵花、蝴蝶紋。頸中部雙獅面耳之間有對稱的錦地團「壽」字。頸下部為鏤空的四個垂雲頭間以朵花。肩部以寬帶式錦地菱形開光環繞，開光內繪折枝花果與雀鳥紋。主體紋飾為滿佈腹際的祥雲飛鳳紋，主鳳居中護引著八隻小鳳展翅穿飛於彩雲間。近足處錦紋帶上有八個海棠式鏤空與上、下朵花夾雜寶紋相間排列。圈足外牆繪礬紅彩弦紋。器身共繪八層紋飾，層層密佈，不留間隙。所用彩料有釉下青花及釉上紅、黃、綠、孔雀綠、淡茄紫等。

◎這件鏤空雲鳳紋瓶以繁密的鏤空與五彩裝飾技法相結合，形象地刻畫出鳳戲彩雲的優美姿態，整個畫面充溢著喜慶祥瑞的氣氛。反映出當時瓷匠們高超的製瓷技藝。

118
綠地黃彩雲龍紋蓋罐
【明萬曆】
高19.1公分　口徑9.4公分　足徑11.3公分

◎罐通體綠地黃彩裝飾。肩部繪變形蓮瓣紋，腹部繪四個菱形開光，開光內繪雲龍戲珠紋，開光外繪八寶紋，近底處繪朵花紋。附平頂圓蓋，蓋面繪雲龍紋，蓋邊繪朵花紋。圈足內施白釉。外底署青花楷體「大明萬曆年製」六字雙行款，外圍青花雙圈。

119
紫地素三彩折枝花果雲龍紋盤

【明萬曆】

高2.7公分　口徑14公分　足徑8.5公分

◎盤內外均以紫地素三彩裝飾。內外壁均繪折枝花紋，綠葉黃花。內底黃色線圈內繪雲龍紋。圈足內施紫釉。外底署綠彩楷體「大明萬曆年製」六字雙行款，外圍黃彩雙圈。

◎碗內施白釉。外壁施淡茄皮紫色釉，釉下刻劃二雲龍趕珠紋。足牆上亦暗劃回紋。圈足內施青白釉。外底署青花楷體「大明萬曆年製」六字雙行款，外圍青花雙圈。

◎茄皮紫釉是一種以氧化錳為呈色劑的低溫釉，釉中的鐵、鈷等其他金屬元素則起調色作用。其顏色有深、淺之別，深者如熟透的黑紫色茄皮，常施於尊、罐、大盤、大碗等器之上；淺者似未熟的淡紫色茄皮，多施於小件盤、碗等器物上。

120
淡茄皮紫釉暗花雲龍紋碗
【明萬曆】
高7.3公分　口徑15公分　足徑5.5公分

◎罐內施瓜皮綠釉。外壁通體深藍色地琺花裝飾。紋樣的安排從上至下共有四層,頸部飾朵雲紋。肩部飾如意雲頭紋。腹部飾仙人樓閣圖,周圍輔以雲紋。近足處飾變形蓮瓣紋,內有如意頭形紋飾。外底素胎無釉。所有紋飾均先以瀝粉法勾勒輪廓,再施以孔雀綠、黃釉等。

◎琺花器創燒於元代,產於山西晉南地區,盛行於明代,清代逐漸衰退。其產品以黃、綠、藍、紫為主要色釉。琺花原為陶胎器,明清時期景德鎮用瓷胎仿製成功。琺花釉與琉璃釉的化學成分基本一致,屬於一個系統,所不同的是琉璃釉以氧化鉛作主要助熔劑,而琺花則用牙硝(硝酸鉀)作主要助熔劑。傳世和出土的琺花器多為香爐、瓶、罐和仙佛人物等。

121
琺花人物圖罐
【明】
高35公分　口徑20公分　足徑23公分

122
龍泉窯青釉刻花碗
【明】
高12公分　口徑26.4公分　足徑12公分

◎碗呈墩式。內外及圈足內均施青釉。內外腹部均暗刻纏枝牡丹紋，內底暗刻折枝花紋。碗內近口沿處及圈足外牆均暗刻回紋，外壁近口沿處暗刻捲草紋。此種龍泉窯青釉瓷，造型規整，釉色美觀，刻花技法嫻熟，與一般的民間用瓷明顯不同。其造型和紋飾與明初洪武景德鎮青花、釉裡紅瓷器風格相似，由此可以推斷此種龍泉窯青瓷應是明初洪武時專門為宮廷燒造的宮廷用瓷。

123
德化窯白釉達摩像
【明】
高43公分

◎達摩身材偉岸，風度軒昂，通體施瑩潤的象牙白釉。其頭微低，廣額深目，高鼻碩耳，滿臉虬須，雙手置於胸前，身披裂裟，兩眼凝視前方，赤足立於洶湧的波濤上，作乘風破浪、疾馳而行的渡海狀。塑像形體比例適度，衣紋流暢自然。像背後戳有「何朝宗」三字陰文篆體葫蘆形印記。雕塑家何朝宗將達摩超凡絕塵、神采奕奕的形象刻畫得淋漓盡致。

124
德化窯白釉觀音像
【明】
高28公分　底徑13.3公分

◎觀音頭披羽巾，髮髻高捲，發上插有靈芝飾物。俯首垂目，身著開胸長衫，胸前佩戴瓔珞飾物。衣紋垂拂自然，雙手為衣衫遮掩扶於一膝上。一足外露多半，一足屈掩，盤坐在一蒲團上。塑像中空，通體施白釉。雕刻刀法細膩，一絲不苟，手、足、毫髮之間尤見功力。像背後戳印「何朝宗」三字陰文篆體葫蘆形印記。

◎明清時期德化窯曾大量燒造瓷塑佛像，湧現出何朝宗、張壽山、林朝景等名工巧匠。其中又以何朝宗的作品最受人稱道。這件白釉觀音塑像釉色潔白，姿態端莊穩重，衣紋瀟灑自然，代表了明代德化窯的瓷塑水準。

125
德化窯白釉刻花玉蘭紋尊
【明】
高33.5公分　口徑12公分　足徑16.2公分

◎尊通體內外及圈足內均施白釉，釉面光潔無暇。外壁暗刻
自肩部向下伸展的玉蘭花枝，枝幹蒼勁，其上結滿或綻放或
含苞待放的花朵，給人以清新自然之美感。無款識。

◎這件白釉尊不但釉質如同象牙般溫潤可愛，而且其源自傳
統梅瓶的造型也很古雅莊重，特別是以象徵春天來臨的玉蘭
花為裝飾題材，加之構圖簡潔，圖案含蓄，與德化白瓷相
配，可謂相得益彰。

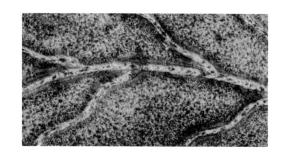

126
石灣窯鈞藍釉楸葉式洗
【明】
高6.7公分　長26.3公分　寬18.9公分

◎通體仿楸葉形，內外雕刻凹凸的葉筋，葉邊堆貼四朵盛開的花朵，並刻出七枚花蕾。胎體厚重。通體施鈞藍釉，釉層凝厚，深藍色釉中流淌著雨點狀蔥白色。造型新穎，花釉變化自如，捲曲的葉邊，仿佛被微風吹動，頗有韻致。

127
宜興窯天藍釉蓮花式洗
【明】
高9.3公分　口徑19.3公分　足距10.1公分

◎洗呈盛開的十二瓣蓮花形，下承以三個蓮瓣形足，三足上各有一支燒痕。外底心模仿蓮花莖。通體施天藍色釉。此種在宜興紫砂胎上施天藍色釉的陶器，俗稱「宜均」。明末谷泰撰《博物要覽》曰：「均州窯……近來新燒此窯，皆宜興砂土為骨，釉水微似，製有佳者，俱不耐用耳。」由於在明代萬曆景德鎮青花瓷器中也可見到此種蓮花形洗，由此也可旁證這件洗的年代大約在明代萬曆時期。

128
青花花卉紋出戟花觚
【明天啟】
高31.8公分　口邊長14.3公分　足邊長10.2公分

◎觚腹部四面出戟。通體青花裝飾，
頸部四面繪洞石花卉紋，腹部四面
繪折枝花托輪、螺、傘、蓋四種藏
傳佛教吉祥物，脛部四面繪折枝葡
萄紋。一側口沿下自右向左署青花
楷體「天啟年米石隱製」橫排款。
◎米石隱（1570-1628年），名萬
鐘，字仲詔，號石友，又號石隱庵
居士。萬曆二十三年（1595年）進
士，官至江西按察使。明末著名書
畫家，其書法與董其昌（1555-1636
年）齊名，時稱「南董北米」。此
件花觚當係其定製的私家用品。

129
青花羅漢圖鐘
【明天啟】
高19.6公分　口徑14.5公分

◎造型仿青銅鐘式樣。頂上開一圓孔，孔上置獸紐。通體青花裝飾。腹部主體紋飾為十八羅漢圖，羅漢姿態各異，有的降龍、有的縛虎、有的舞槍、有的托塔，均形象生動。人物周圍襯以山嵐、雲朵、花草、樹木等。近口沿處及頂部各有一纏枝花紋裝飾帶。肩部有按順時針繞肩一周雕刻的「大明天啟元年孟夏月造」十字楷書銘文，款字筆劃穿透胎體。天啟元年，即1621年。從目前所掌握的資料來看，這件有年代標識的青花鐘，是一件孤品，故彌足珍貴。

◎缸通體繪青花人物故事圖。故事出自《三國演義》中的「饋寶說呂布」一節，大意是中郎將李肅受董卓之命，帶著赤兔寶馬、黃金、珠寶、玉帶等，來到洛陽城下的呂布帳中收買呂布，說服呂布投降。畫匠是這樣體現這一故事情節的：山石掩映的軍帳前，旌旗招展，大將呂布頭戴束髮冠，身穿百花袍，身後有一侍者，周圍站立幾名武士，手持各式兵器。呂布對面的李肅手捧珍寶，欲獻給呂布，其身後的幾名隨從，也各持寶物。周圍繪有旗幟、軍帳、城池、山水、草木等。青花色澤豔麗，人物形象生動。

◎明末清初時期，文學藝術繁榮，為瓷器裝飾提供了豐富的創作題材。匠師巧妙地將文學作品中的一些故事情節移植到器物的裝飾畫中，而且畫意清新，頗具時代特徵。

130
青花人物故事圖缸
【明崇禎】
高14.5公分　口徑19公分　足徑9.5公分

清代

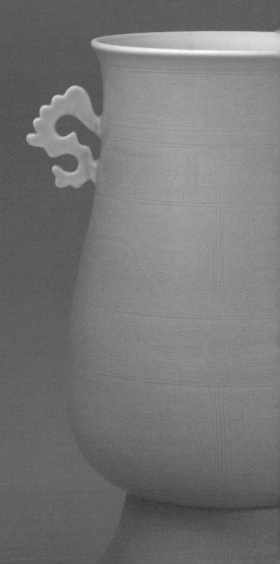

清代景德鎮窯沿襲明代制度，亦分為官窯和民窯。清朝統治者革除了明朝在手工業方面的一些弊病，廢除了官窯的編役制，將明末出現的「官搭民燒」作為定製，從而出現官民競爭的局面，刺激了民窯的進一步發展。

從順治十一年（1654年）開始，朝廷在景德鎮設御窯廠並命地方官或派官督造御用瓷器，但基本上以失敗告終。傳世順治官窯瓷器非常少，偶有所見也比較粗糙。因此，人們習慣上將順治瓷器歸於上述的「轉型期」。

康、雍、乾三朝是清代陶瓷生產的鼎盛時期，由於三朝皇帝均對瓷器生產興趣濃厚，加之督陶官臧應選、郎廷極（1663～1715年）、年希堯（？～1738年）、唐英（1682～1756年）等對御窯廠苦心戮力經營，遂使景德鎮御窯廠在仿古的基礎上，創燒出大量新品種。雍正十三年唐英撰《陶成紀事》羅列當時仿古創新的花色品種達五十七種之多。特別是康熙時期的青花、釉裡三色、素三彩、五彩、郎窯紅釉、豇豆紅釉、東青釉、天藍釉、孔雀綠釉、烏金釉瓷，雍正時期的琺瑯彩、粉彩、窯變釉、爐鈞釉、粉青釉、仿鈞釉、胭脂紅釉、淡黃釉、秋葵綠釉、松石綠釉瓷，乾隆時期的各種轉頸瓶、轉心瓶、交泰瓶及像生瓷等，集中體現了清代康、雍、乾時期景德鎮御窯廠的製瓷水準。清代嘉慶時期景德鎮御窯廠所燒造的瓷器基本上沿襲乾隆時期的風格，但在花色品種上有所減少。

清道光二十年（1840年）鴉片戰爭以後，隨著內憂外患接踵而至和清王朝的日趨衰敗，景德鎮的製瓷業亦總體上呈現逐漸衰退的局面。但清代晚期官窯瓷器仍然有光輝的亮點，如同治皇帝大婚和慈禧太后慶壽用成套餐具和各式花盆、魚缸的批量燒造等，有如一抹絢麗的晚霞，亦尚能受到後人的稱道。

在洋務運動的影響下，熊希齡於光緒三十二年（1906年）在湖南醴陵姜灣倡辦「湖南瓷業公司」，同時創辦「湖南瓷業學校」，聘請景德鎮和日本著名技師擔任講師，培養了一批技術人才。並引進國外先進設備，生產胎質潔白的釉下五彩瓷器。這是中國現代釉下彩瓷器的濫觴。醴陵瓷器從此名揚天下，被譽為中國的第二瓷都。

清代德化窯、石灣窯和宜興窯也沿襲明代傳統，按照自身的獨特風格健康地發展。

◎盤口沿塗醬色釉。盤內一側繪洞石，另一側繪楸葉，楸葉上題有詩句：「浮雲遊子意，落日故人情。」外底署青花篆體「玉堂佳器」四字兩行款。所題詩句係唐代詩人李白〈送友人〉中的兩句。原詩為：「青山橫北郭，白水繞東城。此地一為別，孤蓬萬里征。浮雲遊子意，落日故人情。揮手自茲去，蕭蕭班馬鳴。」

131
青花洞石楸葉詩句盤
【清順治】
高4.6公分　口徑21.4公分　足徑8.9公分

132
五彩纏枝牡丹紋尊

【清順治】
高58厘米 口19.5厘米 底18厘米

◎尊內外施白釉。外壁青花舞彩纏枝牡丹紋裝飾。牡丹莖蔓纏繞，花葉連綿，紅、黃、綠、紫各色牡丹花遍佈器身。牡丹花枝以黑彩勾邊，填以綠彩，夾雜青花葉片。肩部繪青花錦紋一周。

◎順治五彩瓷器基本保留晚明時期瓷器的古拙風格，多為青花五彩，也有少量純釉上五彩，畫面以對比強烈的紅、綠彩所佔比重最大。此尊所繪牡丹花朵有的出雙頭，俗稱「雙犄牡丹」，流行於清初瓷器上，時代特徵鮮明。

133
茄皮紫釉暗花雲龍紋盤
【清順治】
高4.3公分　口徑24.6公分　足徑15.8公分

◎盤內外均施深茄皮紫釉，釉下均暗劃雲龍紋，外壁近足處暗劃蓮瓣紋。圈足內施白釉，外底署青花楷體「大清順治年製」六字雙行款，外圍青花雙圈。在傳世品中尚見有順治黃釉盤，其造型、紋飾及款識與此盤基本相同。

134
青花山水人物紋蓋缸
【清康熙】
通高23.7公分　口徑23.1公分　足徑14.2公分

◎缸附傘形折沿蓋，蓋頂置環形抓紐。通體繪青花山水人物圖案，經查其畫意應為「虎溪三笑」。典故出自晉《蓮社高賢傳》，大意為：晉代高僧慧遠，入廬山，居東林

寺修持，人稱「遠公」。寺前有泉水，稱虎溪，據說這是慧遠送客出寺的界限。因慧遠專心修行，送客從不越過虎溪。但有一次，隱士陶潛與廬山簡寂觀道士陸修靜來訪，慧遠邊送二人出寺，邊與二人暢談義理，興猶未盡，不知不覺就過了虎溪，以致慧遠所馴養的老虎馬上鳴吼警告，三人相顧大笑，欣然道別。這大概是廬山最著名的傳說了。有人認為此事純屬虛構，只是故事背後隱含的「三教原本是一家」的意味，使人深思。此尊造型穩重，青花色澤明翠，因以「分水」法繪畫，料分濃淡，致使畫面層次分明，景致開闊，富有立體感。堪稱康熙青花瓷器中難得的珍品。

135
青花團花紋搖鈴尊
【清康熙】
高24公分　口徑3.4公分　足徑7.5公分

◎瓶呈搖鈴形，故俗稱搖鈴尊，係康
熙時景德鎮御窯廠新創器形。腹中
部裝飾四個青花團花紋，近足處以
青花料描繪鋸齒狀紋飾。外底署青
花楷體「大清康熙年製」六字三行
款。康熙初期以刑部主事充內廷供奉
的書畫家劉源，曾管理瓷器的設計工
作，集歷代瓷器造型之大成，獨創
新意。《清史稿》卷五百五（列傳
二百九十二）載：「時江西景德鎮開
御窯，源呈磁樣數百種，參古今之
式，運以新意，備儲巧妙，於彩繪
人物、山水、花鳥尤各極其勝。及
成，其精美過於明代諸窯。」此種新
穎的搖鈴尊的造型和圖案極有可能是
劉源設計的。

136
釉裡三色山水紋筆筒
【清康熙】
高15.5公分　口徑18.8公分　足徑15.5公分

◎筆筒圓口，直壁，玉璧形底。內外施白釉，外壁青花、釉裡紅、豆青三種釉下彩裝飾。畫面由遠山、近水、堤岸、樹木、人物組成。將青花的藍色、釉裡紅的紅色、豆青的青色等不同色調組合在一起，同時又把青花分成不同的色階，組成色彩斑斕的畫面。

◎筆筒胎體厚重，釉面潔白，繪畫筆觸飄逸瀟灑，給人以曠遠朦朧之美感。

137
五彩描金鷺蓮紋鳳尾尊
【清康熙】
高44公分　口徑22.4公分　足徑14.2公分

◎此尊因頸至口部逐漸向外擴展，形似鳳尾，故俗稱「鳳尾尊」。

◎外壁通體五彩加金彩裝飾。主題紋飾為荷塘景色。荷塘中水草、浮萍隨波蕩漾，嫩綠蓮莖托起碩大的蓮葉、蓮蓬、蓮花，隨風搖曳，紅色、紫色、藍色、金色的蓮花，或含苞或怒放。空間點綴著彩蝶、翠鳥、蜜蜂、鷺鷥等。畫匠以寫實手法細緻入微地刻畫出一幅自然恬靜的夏日荷塘美景。近口沿處和脛部均繪水波紋，頸、肩相接處繪回紋和水波紋。

◎此尊形體挺拔，色彩豐富，所用釉上彩有紅、草綠、孔雀綠、黃、紫、黑、金彩等，尤其是金彩的大面積使用，協調了畫面中各種色彩之間的關係，使畫面顯得富麗堂皇。

◎瓶通體琺瑯彩裝飾，以紫紅彩為地，頸部以黃彩繪三組變形蟬紋，腹部以黃、藍、白、綠、黑彩描繪三支折枝蓮紋。外底陰刻「康熙御製」四字雙行款，外圍單方框。琺瑯彩瓷器的正式名稱是「瓷胎畫琺瑯」，它是康熙晚期受從歐洲傳入的銅胎畫琺瑯影響，在康熙皇帝授意下，將銅胎畫琺瑯技法移植到瓷胎上而產生的。此種傳世康熙琺瑯彩瓶目前所見僅此一件，故彌足珍貴。

138
紫紅地琺瑯彩折枝蓮紋瓶
【清康熙】　清宮舊藏
高12.2公分　口徑4.4公分　底徑5.4公分

139
黃地開光琺瑯彩花卉紋碗
【清康熙】
高6公分　口徑10.8公分　足徑4.4公分

◎碗內施白釉，光素無紋飾。外壁以黃釉為地，均勻分佈四個菱花形開光，開光內以豆綠釉為地，彩繪牡丹與菊花。開光外黃色地釉上繪纏枝蓮花。圈足內施白釉，外底署藍料彩楷體「康熙御製」四字雙行款，外圍藍料彩雙方框。由於康熙琺瑯彩瓷器尚處於初創期，所以在工藝上基本模仿銅胎畫琺瑯，沒形成自己的風格，所用琺瑯料亦純屬從歐洲進口。器物多為盤、碗、杯、茶壺之類小件器物。大都以紫紅、藍、黃等色彩作地。

140
綠地紅彩雲龍紋盤
【清康熙】
高4.7公分　口徑21.7公分　足徑14.2公分

◎盤撇口，弧壁，圈足。通體內外綠地紅彩雲龍紋裝飾，紅綠兩種色彩對比強烈。圈足內施白釉。外底署青花楷體「大清康熙年製」六字雙行款，外圍青花雙圈。明清時期景德鎮官窯曾大量燒造單一色地上加單一色彩瓷器，如白地綠彩、白地紅彩、黃地綠彩、黃地紫彩、黃地紅彩、綠地黃彩等，但綠地紅彩卻很少見。

141
黃地紅彩二龍趕珠紋碗

【清康熙】

高7.4公分　口徑15公分　足徑6.4公分

◎碗撇口，弧壁，圈足。內施白釉，外壁黃地紅彩二龍趕珠紋裝飾。紅彩呈棗皮紅色。圈足內施白釉。外底署青花楷體「大清康熙年製」六字雙行款，外圍青花雙圈。

◎黃彩與礬紅彩雖都是以氧化鐵為著色劑，但是它們所含PbO和Fe_2O_3的量卻不相同。黃彩中PbO的含量在40%以上，Fe_2O_3的含量為3%，因此Fe_2O_3能全部溶於釉中並以三價鐵的形態使釉呈黃色。而紅彩中PbO的含量不高，Fe_2O_3的含量卻高達30%至50%，大部分氧化鐵不熔於釉中，而是以超細顆粒狀態懸浮於鉛釉表面而使釉呈紅色。

◎几面呈長方形，下有四個長條形棖，棖之四角承以四條
腿。几面素三彩漁家樂圖裝飾，畫面描繪漁夫在小溪中捕魚
的情景，有的在捕魚，有的在往魚簍裡裝魚，一派繁忙景
象。周圍亭台高聳，樹木林立，一行大雁在空中飛翔。側面
繪冰梅紋，足邊兩側飾以變形夔龍紋，四足之中心均有一
孔。所施色彩以綠、紫、黑、黃為主。几背面黑彩雙方框內
書一篆字，係古字體「海」字。
◎此種器形在康熙朝較為少見，屬於陳設用瓷。

142
素三彩漁家樂圖長方几

【清康熙】
高7.5公分　面橫23.5公分　面縱13.5公分
足距（橫）17.7公分　足距（縱）11.5公分

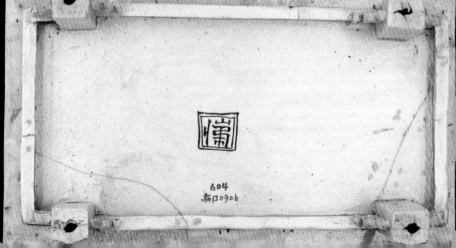

143
素三彩暗花雲龍花果紋盤
【清康熙】
高4.7公分　口徑25.1公分　足徑16.7公分

◎盤口微外撇,弧腹,圈足。

◎此盤屬於白釉素三彩瓷器。盤內、外暗刻雲龍紋,盤內在刻劃紋飾上彩繪石榴等折枝花果紋,外壁繪折枝牡丹花。花卉施以綠、紫、黃、黑等低溫彩釉。以黑彩勾繪紋飾輪廓線,將果實的飽滿、豐碩刻畫得淋漓盡致。紋飾層次分明,色彩素雅。圈足內施白釉,外底署青花楷體「大清康熙年製」六字雙行款,外圍青花雙圈。

◎此盤在彩繪紋飾下隱現著另一種刻劃紋飾,可謂用心巧妙。堪稱康熙素三彩瓷器中的精品。

大清康熙年製

144
霽紅釉筆筒
【清康熙】
高16.7公分　口徑18.5公分　足徑16.3公分

◎筆筒通體施霽紅釉，口沿隱露白色胎骨，近足處凸起兩道弦紋。圈足內施白釉。無款。

◎康熙時期的高溫銅紅釉瓷器主要有霽紅釉、郎窯紅釉、豇豆紅釉三種。霽紅釉釉面均勻凝厚，色澤紅豔、深沉，除用作祭器以外，也做文房用具、日用瓷等。此件筆筒胎體堅硬細膩，濃豔的紅釉與口、足部隱露的白色胎骨，相互映襯，別具情趣。

145
郎窯紅釉觀音尊
【清康熙】
高45.5公分　口徑12.7公分　足徑14.4公分

◎尊形體挺拔，宛如一尊亭亭玉立
的觀音，故名觀音尊。尊內和圈足
內均施白釉，外壁施郎窯紅釉。圈
足內白釉泛黃且開有細碎片紋，俗
稱「米湯底」。

◎康熙郎窯紅釉瓷器的特點是造型
挺拔，釉層較厚，釉色鮮豔，釉面
光亮且開有細碎片紋。器物均不署
年款。外底釉色主要有兩種，除了
米湯色以外，還有一種呈青綠色，
俗稱「蘋果綠底」。觀音尊是康熙
郎窯紅瓷器中的典型器物，也是康
熙朝瓷器中的流行式樣，頗顯端莊
大方，適於裝點居室。

◎瓶近底處凸雕一周細長的菊瓣紋，故稱菊瓣瓶。內外施豇豆紅釉，釉面浮現粉紅色斑點，其間夾雜些許綠色苔點。口沿隱露白色胎骨。圈足內施白釉。外底署青花楷體「大清康熙年製」六字三行款。

◎豇豆紅釉屬於高溫銅紅釉的一種，燒成難度很大。其釉色富於變化，有的鮮豔，俗稱「大紅袍」。有的淡雅，俗稱「娃娃面」、「桃花片」、「貴妃色」。有的泛綠色苔點，俗稱「苔點綠」、「美人霽」。有人曾用「綠如春水初生日，紅似朝霞欲上時」來形容豇豆紅釉之美妙。

146
豇豆紅釉菊瓣瓶
【清康熙】
高20.3公分　口徑5.2公分　足徑4.2公分

147
天藍釉暗花獸面紋螭耳尊
【清康熙】
高22.5公分　口徑11.9公分　足徑11.7公分

◎尊頸部兩側對稱置螭耳。尊內及圈足內均施白釉，外施天藍釉。通體暗劃仿古銅器上的夔龍、夔鳳、饕餮、回紋等。外底署青花楷體「大清康熙年製」六字三行款。

◎天藍釉是清代康熙時景德鎮窯創燒的一種以氧化鈷為著色劑的高溫釉，因釉色淡雅，頗似晴朗天空色澤而得名。其特點是呈色穩定，色調淡雅勻淨，使人賞心悅目，在康熙時期堪與著名的豇豆紅釉相媲美。康熙以後幾乎歷朝均有燒造，其中以康熙、雍正、乾隆時期的產量最大，受到的評價亦最高。

148
灑藍地描金帶蓋糊斗
【清康熙】
高6.2公分　口徑3公分　足徑3.3公分

◎糊斗即糨糊盒，屬於文房用具。敞口，直頸，扁圓腹，圈足。附平頂折沿圓蓋。通體灑藍釉描金裝飾。頸部繪如意頭紋及圓珠紋，腹部繪朵花紋。蓋頂繪朵花紋，折沿及口沿處繪捲草紋且對稱留有凹槽。圈足內施白釉。無款識。

149
孔雀綠釉花觚
【清康熙】
高27.5公分　口徑19.9公分　足徑7.5公分

◎觚通體內外及外底均施孔雀綠
釉，釉面開細碎片紋，腹部上下各
刻劃弦紋兩道。無款識。

◎孔雀綠釉是一種以氧化銅為著色
劑，以硝酸鉀為主要助熔劑的中溫
色釉。康熙時期景德鎮窯曾大量燒
造孔雀綠釉瓷器，造型多達數十
種，說明當時深受人們喜愛。此觚
造型仿古銅器，形體舒展，裝飾簡
潔，釉色純正，是一件精美的陳設
用瓷。

150
青花桃蝠紋橄欖式瓶
【清雍正】
高39.3公分　口徑10公分　足徑12.3公分

◎瓶呈橄欖形。內外及圈足內均施白
釉。外壁青花裝飾，以桃樹為主題紋
飾，樹上桃花盛開，桃實累累，樹下
繪靈芝、山石、竹子，空間繪五只翻
飛的蝙蝠。口、足際均畫雙弦線。外
底署青花楷體「大清雍正年製」六字
雙行款，外圍青花雙圈。
◎圖案中的桃樹、蝙蝠、靈芝、竹
子等，在傳統文化中均屬於吉祥圖
案，以「竹」諧「祝」音，與靈
芝、壽桃相配，寓意「靈仙祝壽」；
若與蝙蝠相配，則寓意「祝福」。

151
釉裡紅花蝶紋筆筒
【清雍正】　清宮舊藏
高15.6公分　口徑18.3公分　足徑18.3公分

◎筆筒內外施白釉，外壁釉裡紅裝飾。

◎主題圖案有兩組，一組繪洞石、菊花、牡丹以及飛舞的三只蝴蝶；另外一組繪喜鵲登梅。底心施白釉，署青花楷體「大清雍正年製」六字三行款，外圍青花雙圈。

◎清代陶瓷上的畫面常有吉祥寓意，如畫喜鵲登梅即寓意「喜上眉梢」。

152
琺瑯彩雉雞牡丹紋碗
【清雍正】
高6.6公分　口徑14.5公分　足徑6公分

◎碗內外所施白釉潔白如雪，勻淨光潤。外壁琺瑯彩裝飾。一面以粉紅、紫紅、藕荷、淡黃、杏黃、藍、綠、赭等琺瑯彩料描繪雉雞牡丹圖；另一面以黑彩題行楷體「嫩蕊包金粉，重葩結繡雲」五言詩句，詩句取自唐代詩人韓琮〈牡丹〉詩（《全唐詩》卷五百六十五）。句首有「佳麗」、句末有「金成」、「旭映」胭脂水朱文閒章。外底署藍料彩

「雍正年製」宋槧體四字雙行款，外圍雙方框。

◎雍正琺瑯彩瓷器是詩、書、畫、印相結合的藝術珍品，是中國古代彩瓷工藝臻達頂峰時期的產物。那些形狀看似普通的琺瑯彩盤、碗，已擺脫被用作餐具的功能，成為能給人們視覺帶來美的享受的藝術珍玩。

153
琺瑯彩松竹梅紋瓶
【清雍正】
高16.9公分　口徑3.9公分　足徑4.9公分

◎瓶呈橄欖形。內外施白釉。外壁以琺瑯彩松竹梅紋裝飾。圖案空白處以黑彩題「上林苑裡春長在」七字，行楷書體，筆法自然流暢。在文字的引首鈐胭脂彩「翔采」朱文閒章，末尾鈐胭脂彩「壽古」白文、「香清」朱文閒章。外底署青花楷體「大清雍正年製」六字雙行款，外圍青花雙圈。

◎雍正時期的琺瑯彩瓷器，一改康熙時期多以黃、藍、紫紅彩為地的做法，大都直接在白釉上彩繪，更能襯托琺瑯彩圖案之優美。

154
粉彩蟠桃紋天球瓶
【清雍正】
高 50.6公分　口徑11.9公分　足徑17.7公分

◎瓶胎體潔白，釉質潔白如雪。外壁以粉彩描繪桃樹一株，
枝幹茁壯，花葉繁茂，枝頭結碩大蟠桃八個。瓶外底署青花
篆體「大清雍正年製」六字三行款。構圖疏密有致，彩繪筆
觸細膩，設色力求逼真，使人賞心悅目。

◎天球瓶因腹部渾圓似天體星球而得名。此種造型始見於明
代永樂時期，清代雍正、乾隆時期景德鎮御窯廠曾大量燒
造。

155
粉彩鏤空蓋盒
【清雍正】
通高13.2公分　口徑21.7公分　足徑12.9公分

◎盒呈扁圓形，上下子母口套合，蓋面隆起，蓋頂置寶珠形紐。圈足。盒內設九格。外壁以粉彩描繪纏枝花紋。蓋面先鏤空纏枝蓮紋，蓮朵中心鏤空團「壽」字，再以粉彩描繪。口沿塗金彩，近足處繪雙重蓮瓣紋，圈足外牆繪回紋。圈足內施孔雀綠釉，外底中心青花雙圈內留白，署青花篆體「雍正年製」四字雙行款。此盒以鏤空加彩繪技法進行裝飾，而且鏤空技法嫻熟，彩繪筆觸細膩，堪稱雍正粉彩瓷器中殊為少見的作品。

156
珊瑚紅地粉彩牡丹紋貫耳瓶
【清雍正】
高31.4公分　口徑7.1公分　足徑9.6公分

◎瓶呈橄欖形，頸部對稱置貫耳，足
邊有兩長方形孔可供穿帶用。通體以
珊瑚紅釉為地，上繪牡丹一叢，牡丹
花朵施以黃、白、粉紅等彩，旁有綠
葉相襯。外底署青花楷體「大清雍正
年製」六字雙行款，外圍青花雙圈。
◎珊瑚紅釉的施釉方法係將釉漿吹於
細白瓷器上，經低溫燒成後，呈色
紅中微閃黃，極似天然紅珊瑚的色
澤，故名。

◎罐內外施白釉，釉質潔淨光潤。外壁鬥彩團花裝飾，共繪七十五個大小不等的團花，團花或獨立，或二、三、五個連成一組。每一朵花均以青花料雙勾輪廓線，釉上施以紅、草綠、松石綠、水綠、紫、洋黃等彩，頗顯繽紛華麗。大大小小的團花排列得錯落有致，繁而不亂，別具情趣。無款識。

◎團花又稱「皮球花」，是工藝美術品上常用的裝飾題材之一。由於它活潑美觀，便於操作，裝飾機動性強，故深受人們喜愛。

158

綠地紫彩海水雲龍紋碗

【清雍正】
高6.5公分　口徑15.1公分　足徑5.4公分

◎碗內及圈足內均施白釉。外壁綠地紫彩海水雲龍紋裝飾。外底署青花楷體「大清雍正年製」六字雙行款，外圍青花雙圈。

◎清代官窯瓷器的使用有著嚴格的等級制度，據《國朝宮史》（卷三十七「經費一」之「鋪宮」條）記載，此種綠地紫彩瓷器是供貴人使用的。

159
藍地黃彩折枝花紋盤

【清雍正】
高6.8公分　口徑33.3公分　足徑21公分

◎盤內外藍地黃彩裝飾。內底、內外壁均繪折枝花紋，花筋、葉脈採用印花技法裝飾。造型、紋飾均模仿明代嘉靖藍地黃彩花卉紋盤。圈足內施白釉，足邊泛火石紅色。外底署青花楷體「大清雍正年製」六字雙行款，外圍青花雙圈。
◎據《國朝宮史》記載，此種藍地黃彩瓷器在清代是供嬪使用的。

◎瓶通體施窯變釉，釉面光亮，釉中摻雜紅、紫、藍、月白等色。頸中部凸起弦紋五道，肩部凸起弦紋兩道。圈足內所施醬色釉地上有不規則的綠色釉斑。外底中心陰刻篆體「雍正年製」四字雙行款。

◎窯變釉是雍正時景德鎮御窯廠在仿鈞釉基礎上所繁衍出的一個新品種。因其釉料中同時含有銅、鐵、錳、鈷、鈦等多種金屬元素，故在高溫還原氣氛中燒成後，這些金屬離子同時發色，致使釉面呈現不同的色調。各種釉色相互交融後，斑駁陸離，蔚為壯觀。此器造型端莊沉穩，釉色變化豐富，釉中的紅、藍二色流淌自然，似升騰的火焰，分別被稱作「火焰紅」、「火焰青」。

160
窯變釉弦紋瓶
【清雍正】
高25.3公分　口徑7公分　足徑11.7公分

161
爐鈞釉鋪首耳壺

【清雍正】　清宮舊藏
高23.5公分　口徑9.5公分　足徑10公分

◎壺仿青銅器造型。肩部對稱置鋪首耳。口、肩、腹、脛部均有凸起的弦紋。通體施爐鈞釉，釉質凝厚，釉色以深藍與淺藍為主色相互交熔，流動自然，形成長短不一的垂流條紋，色彩斑駁。外底陰刻篆體「雍正年製」四字雙行款。

◎爐鈞釉創燒於雍正時期景德鎮御窯廠，其中帶高粱紅色斑點者，稱葷爐鈞，而像此鋪首耳壺不帶高粱紅色斑點，被稱作素爐鈞。

162
淡黃釉瓶
【清雍正】
高14.6公分　口徑3.3公分　足徑1.7公分

◎瓶通體內外及圈足內均施淡黃釉。外底暗刻篆體「大清雍正年製」六字三行款。

◎淡黃釉瓷器創燒於雍正時期，其著色劑為氧化銻，由於其釉色比以氧化鐵為著色劑的傳統澆黃釉淺淡，故名「淡黃釉」。又因其釉色淡雅似蛋黃色或檸檬黃色，故又稱「蛋黃釉」或「檸檬黃釉」。雍正十三年（1735年）督陶官唐英撰寫的《陶成紀事》中稱之為「西洋黃」，這是因為雍正六年以前的銻黃係從歐洲進口。雍正淡黃釉瓷器的造型多為小件的瓶、盤、碗、杯、碟等，小巧的形體配以淡雅的釉色，頗顯俊秀典雅。

◎清代雍正瓷器素以造型娟秀、胎釉精細著稱於世。從這件小瓶的形體來，它是由康熙時的柳葉瓶演變而來，其嬌美之形體、恬靜之釉質，集中體現了雍正官窯瓷器的藝術格調。

163
胭脂紅釉盤
【清雍正】
高2.9公分　口徑15公分　足徑9.3公分

◎盤內及圈足內均施白釉，外壁施胭脂紅釉。外底署青花楷體「大清雍正年製」六字雙行款，外圍青花雙圈。

◎胭脂紅釉創燒於康熙末年，雍正、乾隆、嘉慶、光緒等朝均有燒造，其中以雍正朝產量最大、品質最精。它是一種以微量金（Au）作著色劑，在爐內經800℃左右焙燒而成的低溫紅釉。由於這種紅釉原先是從歐洲傳入的，故被稱為「洋金紅」或「西洋紅」。而西方多稱之為「薔薇紅」、「玫瑰紅」。又由於這種紅釉大抵如婦女化妝用胭脂之色，故又名「胭脂紅」。胭脂紅釉的呈色有深、淺之分，深者稱「胭脂紫」，淺者稱「胭脂水」，比胭脂水更淺淡者稱「淡粉紅」。雍正十三年（1735年）督陶官唐英撰《陶成紀事》中記載當時歲例貢御的五十七種釉、彩瓷器中即有「西洋紅色器皿」。從傳世品看，雍正胭脂紅釉瓷器造型有瓶、罐、盤、碗、杯、碟等，均胎體輕薄，玲瓏俊秀。多數器物為內白釉、外胭脂紅釉，極少數器物內外均施胭脂紅釉。

164
秋葵綠釉如意耳尊

【清雍正】
高26.3公分 口徑5.3公分 足徑11公分

◎瓶口、肩之間連以如意形雙耳。瓶內及圈足內均施白釉，外壁通體施秋葵綠色釉。口及腹部均有暗刻纏枝蓮紋裝飾，肩部凸起弦紋二道，弦紋之間暗刻捲草紋，弦紋下暗刻如意頭紋。外底署青花篆體「大清雍正年製」六字三行款。
◎如意耳瓶係雍正時的創新器形，其形體線條優美，端莊穩重，品種有青花、粉彩、鬥彩、粉青、仿汝釉、秋葵綠釉等，說明當時深受雍正皇帝的喜愛。

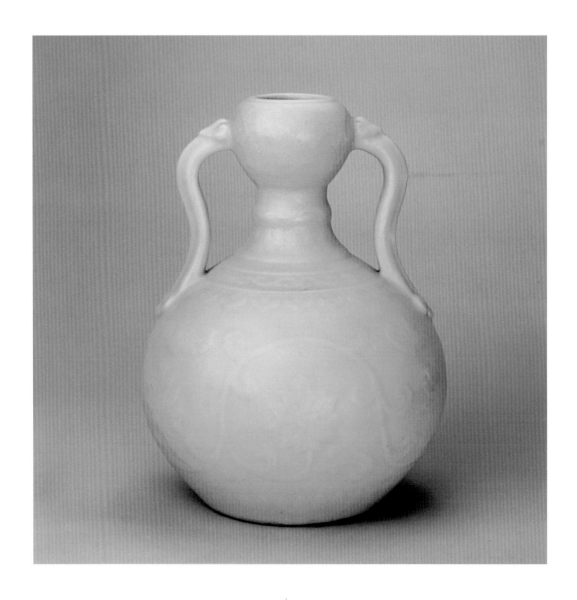

◎瓶分內外雙層，內瓶與外瓶口部相連，可以轉動。外瓶腹部上下「ㄒ」字形套合而成，互不黏連，可作微小移動，但又不能拆開。通體以黃釉為地繪青花紋飾。以青花纏枝蓮紋為主題紋飾，口沿下繪捲草紋，頸部自上而下繪蕉葉紋、圓點紋、回紋、垂如意頭紋，圈足外牆繪回紋。內瓶以紫紅彩為地，繪梅樹紋。瓶內及圈足內均施松石綠釉，外底中心留白，署青花篆體「大清乾隆年製」六字三行款。

◎此種交泰瓶係乾隆朝唐英在景德鎮督陶時，為討乾隆皇帝的歡心，而專門製作的別出心裁的作品。

165
黃地青花纏枝蓮紋交泰轉心瓶
【清乾隆】
高19.8公分　口徑9.2公分　足徑11.3公分

166
青花釉裡紅雲龍紋天球瓶
【清乾隆】
高47公分　口徑10.7公分　足徑15.5公分

◎天球瓶內外施白釉，外壁青花、釉裡紅裝飾。主題圖案是一條釉裡紅龍穿行在雲層之中，龍頭露出，龍身在雲中若隱若現。近口沿處及近足處均繪海水紋。外底署青花篆體「大清乾隆年製」六字三行款。

◎雍正、乾隆時期，青花釉裡紅瓷器的燒造技術達到歷史最高峰，其釉裡紅發色純正，不洇不散，從這件天球瓶上可窺其一斑。

◎瓶通體內外及圈足內均施白釉，外壁以各色琺瑯料描繪月季、竹、臘梅、水仙、山石等。肩部空白處以黑彩題寫「夕吹撩寒馥，晨曦透暖光」行楷體五言詩句，詩句摘自楊萬里《誠齋集》。配以胭脂彩方形朱文閒章，引首為「佳麗」，句末為「金成」、「旭映」。外底署藍料彩宋槧體「乾隆年製」四字雙行款，外圍藍料彩雙方欄。

◎此瓶造型端莊秀美，胎體輕薄，以紅、黃、綠、黑、藍等彩描繪的山石花卉，嬌豔嫵媚，栩栩如生。畫面佈局疏朗，繼承雍正時期琺瑯彩瓷器將詩、書、畫、印融為一體的傳統，堪稱乾隆早期琺瑯彩瓷器中的佳作。

167
琺瑯彩詩句花卉紋瓶
【清乾隆】
高20.4公分　口徑4.8公分　足徑4.3公分

168
粉彩鏤空開光花卉紋燈罩
【清乾隆】
高29.7公分　口徑10.8公分　足徑11.2公分

◎燈罩呈燈籠形。頸部及圈足外牆均以黃地粉彩折枝花紋裝飾，肩部和近足處均先鏤空變形蓮瓣紋，再塗抹礬紅彩。腹部均勻分佈四個橢圓形開光，開光以藍地粉彩纏枝菊紋鑲邊。開光內以白地粉彩四季花蝶草蟲紋裝飾，開光以外為綠地鏤空錦紋綴以礬紅彩蝙蝠。

◎這件粉彩鏤空開光花卉紋燈罩，鏤空技藝精湛，繪畫筆觸細膩。試想在燈光的映襯下，燈罩上優美的畫面定會使人賞心悅目。

◎金鐘籠整體模仿帶織錦外套的線裝書函。其上置一枚仿石質長方形雙拱形紐印章和一個瓷質圓形印泥盒。印章嵌入長方形槽內，槽與書函相通，印章取下後，可通過此槽給蓄養的金鐘兒餵食。印泥盒內置櫻桃、花生、蓮子、瓜子等像生瓷果品，盒底有五孔與箱體相通，盒蓋移開後，可以通過孔洞釋放鳴蟲叫聲。書函式金鐘籠既是一件文房陳設品，又可用作餵養鳴蟲的籠子。

◎書函式金鐘籠一角的題籤上以黑彩書寫篆體「樂善堂」三字，標明係仿《樂善堂全集》書函。

169
粉彩描金書函式金鐘籠
【清乾隆】
通高14公分　長20.5公分　寬11.7公分

◎筆筒內及外壁上下均施仿木紋釉，中部露出白色釉地，其上以粉彩描繪松鶴圖，蒼松怪石分佈有序，高山流水錯落有致，數隻仙鶴翩翩起舞於其間。繪畫筆觸細膩。圈足內施木紋釉。無款識。

◎木紋釉瓷器出現於雍正時期，乾隆時期延續使用，以後則較為少見。木紋釉是用紅、赭色彩料模仿天然木材的自然紋理，仿肖逼真，宛若天成。雍正時期多見通體用木紋釉裝飾的大件器物，乾隆時期則主要用於裝飾瓷器的邊、角等局部。

170
仿木紋釉地粉彩松鶴圖筆筒
【清乾隆】
高14.2公分　口徑12.7公分　足徑12.5公分

171
粉彩像生果品瓷盤
【清乾隆】
高6.5厘米　口　22厘米　足†12.3厘米

◎盤內盛有像生果品、螃蟹。爬伏的一隻螃蟹四周散落核桃、紅棗、荔枝、荸薺、石榴、花生、蓮子、瓜子、櫻桃、菱角等。折沿處以白彩描繪纏枝蓮紋。外底署青花篆體「大清乾隆年製」六字三行款。

◎像生強調的是追求原物的大小、形狀、質感。此件像生果品盤中的諸物酷似原物，其製作水準達到了使人僅憑肉眼真假難辨的地步，顯示出乾隆時期景德鎮御窯廠高超的製瓷技藝。值得一提的是，盤中各物或其組合多具有吉祥含義，如螃蟹寓意「一甲」，即科舉殿試第一；石榴寓意多子；而棗、花生、瓜子組合在一起則寓意「早生貴子」。

172
鬥彩荷蓮圖鼓釘繡墩

【清乾隆】
高52.9公分　面徑31公分

◎繡墩呈鼓形，面徑、底徑相若。器身均勻分佈四個雲頭形鏤空描金裝飾。墩面外圍以紫地軋道粉彩折枝花紋裝飾，中心則以天藍地鬥彩荷蓮紋裝飾。器身四個雲頭形鏤空以外均裝飾藍地鬥彩荷蓮紋。上下各有一周紫地金彩蔓草、鼓釘紋。

◎此繡墩造型規整，裝飾華麗，鏤空精美，顏色搭配協調，藍色的地子配以荷蓮圖案，堪稱盛夏納涼的理想坐具。

173
黑地綠彩纏枝蓮紋梅瓶
【清乾隆】
高17公分　口徑3.3公分　足徑6.2公分

◎梅瓶內施松石綠釉。外壁以綠彩描繪紋飾，隙地填以黑彩，形成黑地綠彩裝飾。頸部繪朵花紋，肩部繪如意頭紋、纏枝蓮花紋。近底處繪蓮瓣紋。色彩對比柔和。圈足內施松石綠釉。外底中心留白署青花篆體「大清乾隆年製」六字三行款。

174
黃地紫綠彩勾蓮紋瓶
【清乾隆】　清宮舊藏
高32.4公分　口徑10公分　足徑8公分

◎瓶內及圈足內均施黃釉。外壁黃地紫綠彩裝飾。口沿下繪紫彩如意頭紋，頸部以紫、綠彩描繪纏枝花紋，頸肩相接處繪紫、綠相間的朵花紋，肩部以綠彩描繪如意頭紋，腹部以紫、綠彩描繪相間排列的折枝勾蓮紋四組，近底處以綠彩描繪變形蓮瓣紋。外底暗刻陰文篆體「大清乾隆年製」六字三行款。

◎此瓶以黃、綠、紫三種顏色搭配裝飾，給人以清新雅致之美感。

175
各種釉彩大瓶
【清乾隆】
高86.4公分　口徑27.4公分　足徑33公分

◎瓶頸部兩側對稱置螭耳。器身自上而下裝飾的釉、彩達十五層之多。所使用的釉上彩裝飾品種有金彩、琺瑯彩、粉彩等；釉下彩裝飾品種有青花；還有釉上彩與釉下彩相結合的鬥彩。所使用的釉有仿哥釉、松石綠釉、窯變

釉、粉青釉、霽藍釉、仿汝釉、仿官釉、醬釉等。主題紋飾在瓶的腹部，為霽藍釉描金開光粉彩吉祥圖案，共十二個開光，其中六幅為寫實圖畫，分別為「三陽開泰」、「吉慶有餘」、「丹鳳朝陽」、「太平有象」、「仙山瓊閣」、「博古九鼎」。另六幅為錦地「卍」字、蝙蝠、如意、蟠螭、靈芝、花卉，分別寓意「萬」、「福」、「如意」、「辟邪」、「長壽」、「富貴」。瓶內及圈足內均施松石綠釉，外底中心署青花篆體「大清乾隆年製」六字三行款。

◎這件各種釉彩大瓶，集各種高溫、低溫釉、彩於一身，素有「瓷母」之美稱，集中體現了當時高超的製瓷技藝。傳世僅此一件，彌足珍貴。

176
廠官釉犧耳尊
【清乾隆】
高51公分　口橫24.5公分　口縱19公分
足橫26.7公分　足縱21公分

◎尊仿古銅器造型。頸部兩側對稱置犧耳。通體裝飾條帶紋。尊內外及圈足內均施廠官釉。外底陰刻篆體「大清乾隆年製」六字三行款。

◎廠官釉屬於鐵、鎂結晶釉，由於燒成工藝的某些差異，其色調有多種變化，有的如蟹殼色，俗稱蟹甲青，有的似鱔魚腹際色，俗稱鱔魚黃，有的像茶葉研成細末之色，俗稱茶葉末。此尊上的釉色即可稱作茶葉末釉。

177
青花雲龍紋螭耳瓶

【清嘉慶】
高25公分　口徑6.5公分　足徑7公分

◎瓶頸兩側對稱置螭耳。內外施白釉。外壁青花裝飾，以雲龍紋作為瓶體的主題紋飾，輔以如意頭紋、海水紋、圈點紋等邊飾。圈足內施白釉。外底署青花篆體「大清嘉慶年製」六字三行款。

◎此瓶所繪雲龍體態矯健兇猛，穿行在海水上面的火雲之中，給人以剽悍的視覺感受。

178
油紅地五彩描金嬰戲紋碗

【清嘉慶】

高9.7公分　口徑21公分　足徑17.5公分

◎碗內及圈足內均施白釉，外壁油紅地五彩描金嬰戲紋裝飾。以金彩松樹、欄杆為背景，以五彩描繪兩組小童，間以壽石棕櫚。每組均有八小童在做不同的遊戲，有的戲水，有的鬥草，有的放爆竹，有的玩松樹，場面活潑熱烈。小童均神態生動，頭梳髮髻，衣服色彩各異，即使同一人物，其衣褲配色也不相同。圈足外牆以金彩描繪回紋。外底署青花篆

體「大清嘉慶年製」六字三行款。

◎這種十六子大碗是以康熙白釉五彩十六子大碗為藍本仿製而成，嘉慶、道光時均有製作，只不過是將白地五彩改為油紅地五彩描金，使畫面更顯華麗熱烈。清末寂園叟撰《陶雅》曰：「康熙有抹紅金彩十六子大碗，三兒在魚缸捉魚，一兒攜松鼠，尤有神致。而嘉道兩朝俱能仿之，價亦不甚相遠也。」

179
粉彩籬瓜紋碗
【清嘉慶】
高5.9公分　口徑11公分　足徑4.5公分

◎碗內外及圈足以內均施以白釉，自外壁向內壁以粉彩描繪過枝籬瓜、竹子。圖案枝葉相屬、不間斷，俗稱「過枝花」。碗內外圖案空白處各繪一隻蝴蝶。外底署青花篆體「大清嘉慶年製」六字三行款。

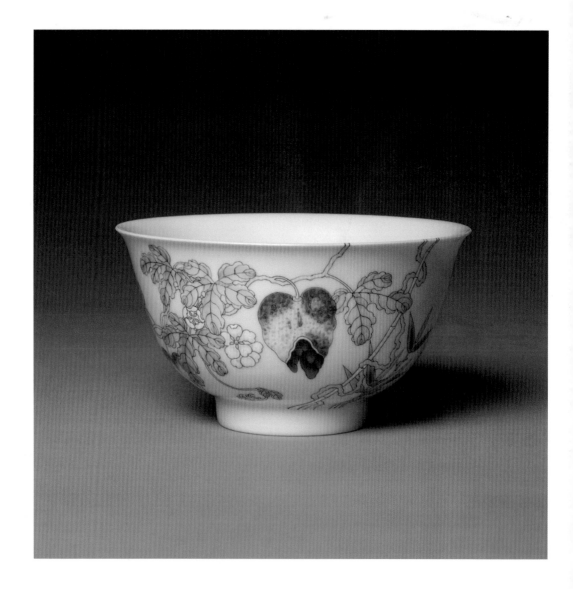

180
青花纏枝蓮托八吉祥紋雙耳瓶

【清道光】
高32公分　口徑8.5公分　足徑9.3公分

◎瓶頸部對稱置如意耳。口部繪如意
頭紋，頸部繪折枝蓮花紋，肩部繪
蝙蝠和折枝蓮紋，頸、肩之間繪回
紋、變形如意頭紋，腹部主題圖案為
纏枝蓮托八吉祥紋，近底處繪變形蓮
瓣紋。外底署青花篆體「大清道光年
製」六字三行款。

181
粉彩「御窯廠圖」螭耳瓶
【清道光】
高63公分　口徑22公分　足徑22.5公分

◎瓶頸、肩交接處對稱置異獸耳。瓶裡口施松石綠釉。瓶外通體以粉彩描繪清代景德鎮珠山御窯廠實景圖，以御窯廠內倚山而建的「御詩亭」為中心，左右的東西轅門上各掛一面黃色大旗，旗上以黑彩書寫「御窯廠」三字，兩側白牆黑瓦，有回廊、洞門。正中的高大廳堂內，幾位監官在商量事情。廠內匠人們各司其職，正專心勞作，可以看出有開採原料、送料、拉坯、成型、施釉、吹釉、畫坯、利坯、燒窯、出窯、裝運等各道工序。所使用的彩料有紅、黃、綠、紫、藍、黑、金彩等，所繪人物共有六十一個。這件大瓶上的圖案真實地反映了清代御窯廠的生產場景，印證了有關文獻中記載的御窯廠的建制、分工、生產等情況，可作為研究當時景德鎮御窯廠生產狀況的珍貴實物資料。

182
珊瑚紅地白梅花紋蓋碗

【清道光】

通高8.1公分　口徑10.7公分　足徑4.2公分

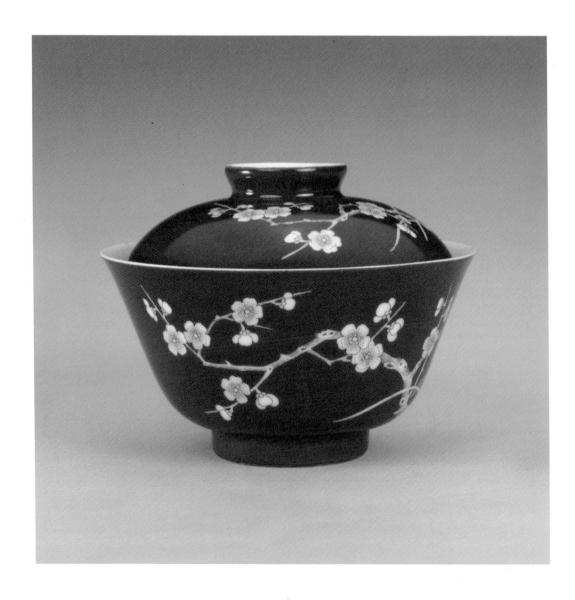

◎碗附傘形蓋，蓋頂置環形抓紐。內施白釉，外壁及蓋面均以珊瑚紅地拔白蘭草、梅花紋裝飾。圈足、抓紐內均施白釉，均署有礬紅彩楷體「慎德堂製」四字雙行款。
◎此蓋碗造型規整，紅彩勻淨呈珊瑚紅色。白色的梅樹和蘭草圖案在珊瑚紅地的襯托下格外醒目。

183
黃釉刻花仿竹雕筆筒

【清道光】

高10.5公分　口徑16.3公分　足徑16公分

◎筆筒內外及圈足內均施淡黃釉。外壁浮雕三組圖案，分別為蘭、菊、梅花紋。外底署陰刻篆體「大清道光年製」六字三行款。

184
德化窯白釉獸耳瓶
【清】
高33.5公分　口徑8.1公分　足徑8.9公分

◎瓶撇口，束頸，豐肩，細長腹，
圈足。內外均施白釉。腹部兩側對
稱置獸耳。

185
宜興窯紫砂茶壺
【清】 清宮舊藏
通高8.5公分　口徑5.4公分　足徑6.2公分

◎壺體上小下大，淺紫色的泥料中含有黃色顆粒，壺身光素無紋。細小的直流，規整的圈足以及精製的蓋紐，無不顯示出精湛的製作工藝。

◎瓶通體青花裝飾。頸之上部繪蕉葉紋，下部繪捲草和變形如意頭紋，腹部主題紋飾為翠竹、芭蕉、洞石、花草和欄杆，近底處繪變形蓮瓣紋，圈足外牆繪朵花紋。外底署青花楷體「大清咸豐年製」六字雙行款。

◎此玉壺春瓶與以前的玉壺春瓶相比，頸部變得粗短，腹部加大，是清代晚期玉壺春瓶的標準式樣。

186
青花竹石芭蕉圖玉壺春瓶
【清咸豐】
高28.5公分　口徑8.6公分　足徑11.6公分

187
綠地粉彩開光花鳥紋方瓶
【清咸豐】
高29公分　口邊長9公分　足邊長8.8公分

◎瓶呈方形。瓶內滿施淡綠釉。外壁
綠地粉彩花卉紋裝飾。頸部四圓形開
光內分別繪四季花卉紋。腹部四個長
方形開光內分別繪四季花鳥紋。外底
綠釉地上署礬紅彩楷體「大清咸豐年
製」六字雙行款。

◎碗內外及圈足內均施白釉。內光素無紋飾，外壁鬥彩描金裝飾。近口沿處繪變形回紋，腹部繪纏枝花紋，近足處繪如意頭紋，圈足外牆畫青花雙弦線。外底署礬紅彩楷體「大清咸豐年製」六字雙行款。

◎此碗在施彩技法方面別有特色，即外壁六花朵均按青花輪廓線再勾描金彩，金彩的使用協調了各種彩料之間的關係，避免了不同色系的色彩之間對比過於強烈，使畫面更顯柔和悅目。

188
鬥彩描金纏枝花紋碗
【清咸豐】
高5.8公分　口徑10.5公分　足徑4.8公分

大清同
治年製

189
青花雲龍紋賞瓶
【清同治】
高39公分　口徑10公分　足徑13公分

◎瓶撇口，長頸，溜肩，圓腹，圈足略高，俗稱「賞瓶」。通體青花海水雲龍紋裝飾，圈足外牆繪青花回紋，外底署青花楷體「大清同治年製」六字雙行款。
◎賞瓶始燒於雍正時期，多以纏枝蓮為飾，畫龍紋者少見，故此瓶頗顯珍貴。

190
淡黃地紅蝠金彩團「壽」字盤
【清同治】
高4.9公分　口徑22.2公分　足徑13.1公分

◎盤口沿塗金彩。外壁白釉地上以礬紅彩描繪三枝均勻分佈的折枝花紋。盤內淡黃釉地上裝飾礬紅彩描金蝙蝠、金彩團「壽」字、藍料彩描金「卍」字等，共二十九個團「壽」字、二十四個蝙蝠、十二個「卍」字。整個圖案寓意「萬壽無疆」、「福壽萬年」。外底署礬紅彩楷體「同治年製」四字雙行款。
◎此盤屬於同治十一年（1872年）同治皇帝大婚用瓷。

◎同治一朝歷時十三年，據清宮檔案記載，同治三年（1864年）十二月御窯廠開始燒造瓷器，此後每年未曾間斷。先後有蔡錦青、俊達、景福等奉命督陶，其中以景福較為有名。但景福之出名，並非因他督陶有功，而是因他承辦同治大婚瓷器不利，「燒造未能合法，以致粗糙，不堪應」，於是「仍著景福照數賠補」。景福承辦大婚瓷器始自同治九年（1870年）八月，至十年十一月方照數補齊。

◎盒呈饅頭形，上下了母口套合。內外均礬紅地金彩裝飾。上下口沿及近足處均以金彩描繪變形回紋。腹部及圈足外牆各以金彩書寫十個雙「喜」字。盒蓋面中心以金彩書寫一團「壽」字，圍以變形回紋，四周環以兩圈雙「喜」字，每排十個。盒底及盒內頂中心均繪結帶毛筆、銀錠、如意紋，寓意「必（筆）定（錠）如意」。紋飾外均圍以四個雙「喜」字。圈足內施白釉，外底中心署礬紅彩楷體「燕喜同和」四字雙行款。

◎此種礬紅地金「喜」字盒屬於同治十一年（1872年）同治大婚用瓷，有五種尺寸大小，大者稱捧盒，較小的是粉盒，最小者為可以盈握在手的胭脂盒。

191
礬紅地金彩「囍」字盒
【清同治】
高4.5公分　口徑8.1公分　足徑5.2公分

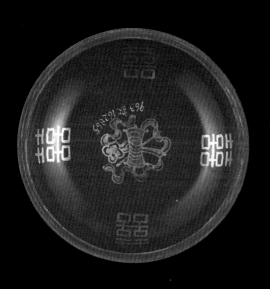

192
霽紅釉玉壺春瓶
【清同治】
高29.5公分　口徑9.4公分　足徑10.8公分

◎瓶撇口，束頸，圓腹，圈足。瓶內及圈足內均施白釉，外壁通體施霽紅釉。外底白釉地上署青花楷體「大清同治年製」六字雙行款。

大
清
光
緒
年
製

193
青花松鼠葡萄紋碗
【清光緒】
高11.5公分　口徑22.5公分　足徑8.9公分

◎碗內外及圈足內均施白釉。碗內光素無紋飾。外壁青花松鼠葡萄紋裝飾，葡萄枝葉繁茂，松鼠跳躍其間。外底署青花楷體「大清光緒年製」六字雙行款。

194

青花花卉紋花盆、盆托

【清光緒】

通高12.8公分

花盆：高11.4公分　口徑17.2公分　足徑11.5公分

盆托：高3.4公分　口徑17.4公分　足徑13.6公分

◎花盆折沿，深腹，圈足。底部開有兩個滲水圓孔。外壁通體青花裝飾。口沿上以青花料書寫篆體「壽」字一周，「壽」字之間繪青花蝙蝠，寓意「福壽雙全」。腹部繪蒼松、芭蕉、芍藥等。圈足內施白釉。外底中心署青花篆體「體和殿製」四字雙行款。

◎盆托折沿、淺壁、圈足。外壁繪折枝芍藥，折沿上繪方勝紋，間以折枝花卉，沿邊繪回紋。圈足內施白釉，外底亦署青花篆體「體和殿製」四字雙行款。

◎此套花盆裝飾明顯帶有祝壽含意，且署有「體和殿製」款，表明這是清代光緒年間景德鎮御窯廠專門為光緒十年（1884年）慈禧太后五十大壽燒造的祝壽用瓷。

◎體和殿原係紫禁城內西六宮之一翊坤宮的後殿。光緒九年為慶祝翌年慈禧太后五十壽辰，曾改建儲秀宮，供其居住，折除原宮門儲秀門和宮前院牆，將儲秀宮南邊的翊坤宮後殿打通為穿堂殿，取名曰「體和殿」。光緒十年，慈禧太后從長春宮移住儲秀宮，寬敞明亮的體和殿是慈禧用膳處。

195
藕荷地粉彩花卉紋捧盒
【清光緒】
通高17.2公分　口徑30公分　足徑17.3公分

◎盒呈饅頭形，上下子母口套合，圈足。盒內施白釉，外壁藕荷地粉彩花卉紋裝飾。盒蓋頂部中心繪一正面五爪龍，四周環以桃樹、水仙、牽牛花、冬青等紋飾。口沿繪變形回紋。盒體外壁描繪與盒蓋相同的花卉紋，口沿及圈足外牆繪變形回紋。圈足內施白釉。外底中心署礬紅彩篆體「體和殿製」四字雙行款。

◎此花盆所屬「體和殿製」款表明它係光緒年間景德鎮禦窯廠為光緒十年（1884年）慈禧太后五十壽辰專門燒造的祝壽用瓷。

◎碗內外及足內均施白釉。外壁白地粉彩鷺鷥蓮花紋裝飾，足部近底處繪粉彩海水江崖紋。外壁空白處署礬紅彩楷體「大雅齋」三字款及篆體「天地一家春」印章式款。

◎「天地一家春」係圓明園內一處建築所掛的匾名，傳說那是慈禧（當時是蘭貴人）曾經居住的地方，1860年被英法聯軍焚毀。「大雅齋」則是慈禧太后為自己的畫室所起名字，其地點亦應在圓明園「天地一家春」建築群內。「大雅齋」匾現收藏於北京故宮博物院。

196
粉彩鷺鷥蓮花紋高足碗
【清光緒】
高12公分　口徑17.8公分

197

藕荷地粉彩花鳥紋方花盆、盆托

【清光緒】

通高9.8公分

花盆：高8.8公分　口橫10.7公分　口縱8.7公分
足橫8.7公分　足縱6.5公分

盆托：高3.1公分　口橫10.9公分　口縱8.4公分
足橫10.3公分　足縱8公分

◎花盆及盆托內均施白釉，外壁均以藕荷地粉彩花鳥紋裝飾，花盆一面口沿下署礬紅彩楷體「大雅齋」三字款及「天地一家春」印章式款。

198
窯變釉杏元瓶

【清光緒】
高29.5公分　口縱10.7公分　口橫9公分
足縱11.8公分　足橫9.2公分

◎瓶呈長方形，直口，溜肩，鼓腹，方足。頸部對稱置貫耳。口下至肩轉折處呈委角狀。通體施窯變釉。足內素胎無釉。外底陰刻楷體「大清光緒年製」六字雙行款。杏圓瓶是清代檔案對此種瓶的稱謂，是我國古代瓷器中的傳統品種，自雍正以來幾乎歷朝都有燒造。

199
東青釉杏元瓶
【清宣統】
高30公分　口邊長11.5公分　足邊長13.2公分

◎瓶呈四方形，直口，口至頸部委角，鼓腹，方足。通體內外及圈足內均施東青釉，頸部對稱置貫耳，腹部前後兩面均有杏核狀凸起。外底署青花楷書體「大清宣統年製」六字雙行款。宣統時期的杏圓瓶見有窯變釉、仿官釉、東青釉等品種，均製作規整，是清代封建統治者奢靡生活用瓷的尾聲。

200
醴陵窯釉下五彩花鳥紋瓶
【清宣統】
高30.3公分　口徑6.3公分　足徑6.3公分

◎瓶胎體輕薄，內外及圈足內均施
白釉。外壁腹部以釉下五彩描繪花
鳥紋，構圖簡練，色彩淡雅。外底
署青花楷體「大清宣統三年湖南瓷
業公司」款，外圍綠彩雙圈。
◎在我國近代瓷業史上，清末至民
國初年的湖南醴陵窯釉下五彩瓷，
在製瓷技術和裝飾方面都達到了較
高水準，它集胎質美、釉色美、工
藝美、器形美及彩飾美於一體，堪
稱陶瓷藝苑中的一支奇葩。

參考書目

故宮博物院編：《故宮博物院藏瓷選集》，文物出版社，1962年。

李輝柄主編：《故宮博物院藏文物珍品全集·晉唐瓷器》，商務印書館（香港）有限公司，1996年。

李輝柄主編：《故宮博物院藏文物珍品全集·兩宋瓷器》（上、下），商務印書館（香港）有限公司，1996年。

耿寶昌主編：《故宮博物院藏文物珍品全集·青花釉裡紅》（上、中、下），商務印書館（香港）有限公司，2000年。

楊靜榮主編：《故宮博物院藏文物珍品全集·顏色釉》，商務印書館（香港）有限公司，1999年。

葉佩蘭主編：《故宮博物院藏文物珍品全集·琺瑯彩·粉彩》，商務印書館（香港）有限公司1999年。

王莉英主編：《故宮博物院藏文物珍品全集·五彩·鬥彩》，商務印書館（香港）有限公司，1999年。

呂成龍主編：《故宮藏傳世瓷器真贗對比歷代古窯址標本圖錄》，紫禁城出版社，1998年。

李毅華編：《故宮珍藏康雍乾瓷器圖錄》，兩木出版社、紫禁城出版社，1998年。

香港市政局：《景德鎮珠山出土永樂、宣德官窯瓷器展覽》，香港市政局出版，1989年。

徐氏藝術館：《成窯遺珍·景德鎮珠山出土成化官窯瓷器》，景德鎮市陶瓷考古研究所、徐氏藝術館聯合出版，1993年。

後記

　　北京故宮博物院是中國最大的古代藝術品寶庫，其藏品可謂品種多、時代全、品質精。在一百多萬件各類文物藏品中，僅陶瓷一項即占約三十五萬件，從距今八千多年前的新石器時代陶器，到現代名人、名家作品幾乎無所不包。故宮博物院成立八十二年來，故宮的專家學者們在古陶瓷研究領域取得了豐碩成果，出版了不少介紹故宮藏陶瓷的圖書，但這些圖書一般都是按某一時代或品種進行介紹，迄今為止，很少有按陶瓷發展史系統介紹故宮藏陶瓷的圖書。目前，在世界範圍內對中國陶瓷研究持續走熱的情況下，人們迫切想看到系統介紹故宮藏陶瓷的圖書。為此，本人在前人研究的基礎上，編輯了這本《你應該知道的200件古代陶瓷》。本書的順利出版，得到故宮陶瓷組同仁的大力協助和支援，資料資訊中心攝影科和資源資料加工科的同仁們也為本書的出版付出了艱辛的努力，在此一併表示最誠摯的謝意！

國家圖書館出版品預行編目資料

你應該知道的200件古代陶瓷 = Ceramics/
呂成龍主編；北京故宮博物館編. - - 初版 . - -
臺北市：藝術家，民97.07
面17×24公分 - -（故宮收藏）
ISBN 978-986-6565-02-1（平裝）

1. 古陶瓷 2. 圖錄

796.6025　　　　　　　　　　97013110

你應該知道的200件古代陶瓷

北京故宮博物院　編／呂成龍　主編

發行人　何政廣
主　編　王庭玫
編　輯　謝汝萱、沈奕伶
美　編　陳怡君

出版者　藝術家出版社
　　　　台北市重慶南路一段147號6樓
　　　　TEL:（02）2388-6715～6
　　　　FAX:（02）2331-7096
　　　　郵政劃撥：0104479-8號 藝術家雜誌社帳戶

總經銷　時報文化出版企業股份有限公司
　　　　倉庫：台北縣中和市連城路134巷16號
　　　　電話：（02）23066842

南部區域代理　台南市西門路一段223巷10弄26號
　　　　　　　TEL:（06）261-7268
　　　　　　　FAX:（06）263-7698

印　刷　欣佑彩色製版印刷有限公司
初　版　2008年（民國97）8月
定　價　台幣380元

ISBN 978-986-6565-02-1（平裝）